STRAHLENDER RAUM

Die physikalischen Eigenschaften
der reinen Anschauungsformen a priori

Von

Walter Harburger

Verlag Duncker & Humblot München 1933

Printed in Germany / Druck: B. Heller, München 25

INHALT

ALLGEMEINER TEIL

Vorrede: Raum, Zeit, Empfindung 5
1. Transzendentale Physik 12
2. Grundbegriffe und Voraussetzungen 16
3. Raumqualität und quantisierter Raum 22
4. Nicht-widerspruchsfreies Denken 24
5. Die Denkweise der Metalogik 30
6. Die Begriffsverwandlungen der Metalogik 33
7. Der Strahlungs- und Gravitationsäther 38
8. Die metalogische Raum-Zeit 40
9. Das Raum-Zeit-Feld der ersten Stufe 42
10. Das Raum-Zeit-Feld der zweiten Stufe 45
11. Elektromagnetismus 47
12. Materie-Eigenschaften der Raum-Zeit-Felder 50
13. Das Diskontinuum 52
14. Stoffliche Welt und reine Anschauungsform 55
15. Metaphysik des Raumwesens 57

MATHEMATISCH-METALOGISCHER TEIL

I. Kurzer Abriß des metalogischen Kalküls
   (Lehre von den widerspruchsvollen Gleichungen) 63
II. Metalogischer Raum
   A) Gravitation 72
      1. Eindimensionaler Raum (Fall-Raum) 72
      2. Eindimensionaler Raum (Fortsetzung)
         Die Identitätsfunktion 74
      3. Der dynamische Charakter des metalogischen Raums . 77
      4. Metalogische statische Schwere-Ebene 80
      5. Kugelsymmetrie 84
   B) Elektromagnetismus und Materie 86
      1. Übergang zur Wellenmechanik 87
      2. Das Raum-Zeit-Feld in höherer Näherung
         Elektromagnetische Zusatzglieder 90
      3. Symmetrie von Gravitation und Elektromagnetismus
         Zusammenhang mit der Dirac'schen Theorie des Elektronen-Spins 93

VORREDE

RAUM, ZEIT, EMPFINDUNG

Es ist vielleicht unklug, eine Arbeit, die ohnehin auf starke Widerstände stoßen wird, noch darüber hinaus mit einem äußerst phantastisch klingenden Programm zu beschweren. Und das um so mehr, als es durchaus möglich wäre, mit diesem Programm vorläufig hinter dem Berge zu halten. Denn worum es hier, im Rahmen dieser Abhandlung geht, das ist, so merkwürdig und fremdartig es schon selber manchem vorkommen mag, nur ein Ausschnitt, und zwar der wenigst revolutionäre, aus dem Gesamtproblem.

Wenn ich es trotzdem riskiere, die Belastung jenes phantastischen Programms auf mich zu nehmen, so geschieht dies darum, weil gerade diese Perspektiven ein wesentlich allgemeineres Interesse daran zu erregen imstande sind, und weil dabei ersichtlich wird, daß es sich nicht bloß um eine philosophische, oder mathematisch-physikalische, oder sonstwie gelehrte interne Angelegenheit handelt.

Das im theoretischen Teil in seinen Umrissen entwickelte Denksystem der Metalogik (einer allgemeinen „Über"-Logik) führt nämlich in seinen Konsequenzen letzten Endes zu der Anschauung, daß das, was wir allgemein die Welt benennen, bzw. was wir dafür halten, als ein O r g a n i s m u s zu begreifen ist. Der Grundsatz nämlich, aus dem die Metalogik ihre Deduktionen entwickelt: d a ß d a s G a n z e v o r s e i n e n T e i l e n i s t, ist auch der oberste Grundsatz alles Organischen. Letzthin kann nur dieser Grundsatz den Vorgängen bei der Entwicklung des Lebewesens aus der befruchteten Eizelle beikommen; und es haben sich darum eine ganze Reihe namhafter neuerer Biologen zu diesem Grundsatz, wenn auch nicht in seiner metalogischen Ausprägung, bekannt. Weiters spielt dieser Grundsatz eine große Rolle bei den Gestalttheoretikern, die ebenfalls auf eine lebendige Form lossteuern im Gegensatz zu einem bloßen photographisch-rezeptiven Niederschlag im anschauenden Menschen, und schließlich finden wir auch in der „toten" Physik die überraschende Feststellung Hermann Weyls,[1] daß „in der Quantentheorie in prägnanter Fassung

[1] Gruppentheorie und Quantenmechanik, S. 80.

der heute von Vitalisten und Gestalttheoretikern zu einem philosophischen Glaubensbekenntnis erhobene Satz gilt, daß d a s G a n z e m e h r i s t a l s d i e S u m m e s e i n e r T e i l e".

Zweitens führt das Denksystem der Metalogik zu der eng damit zusammenhängenden Ansicht, daß d i e (o b j e k t i v e) E m p f i n d u n g e i n A t t r i b u t d e s l e e r e n R a u m e s i s t. Wo aber Empfindung ist, ist (im weitesten Sinne) Seele; wir haben dann den leeren Raum auch als Träger des Seelischen anzusprechen. Für das Wort: leerer Raum aber können wir — das ist durch die neuere Entwicklung der Physik klar geworden und wird durch die Untersuchungen der vorliegenden Arbeit unabhängig davon gezeigt — auch „Äther" sagen. Wir haben dann (objektive) Empfindung als Attribut des Äthers; den Äther als Träger des Seelischen.

Natürlich kann man dabei nicht experimentell vorgehen: etwa unter einer Glasglocke die Luft wegpumpen und von dem Vakuum Lebensäußerungen erwarten. Der Weg ist vielmehr rein deduktiv; er kommt von der anderen Seite her, der begrifflich formalen.

Das genannte Denksystem der Metalogik liefert Möglichkeiten, Begriffe ineinander zu verwandeln, bzw. sie aus einem obersten (organischen) Prinzip, dem des G a n z e n, d a s v o r s e i n e n T e i l e n i s t, zu entwickeln. Mit andern Worten: wir können durch gewisse Operationen, die symbolisch durch Anschreibung eines Zeichens, eines „Operators", ausgedrückt werden, Begriffs-Metamorphosen vornehmen; und wir können dann jeweils angeben, in welchen Begriff der Ausgangsbegriff bei diesen Metamorphosen übergeht. Ist z. B. der Ausgangsbegriff Zeit, so können wir feststellen, daß durch Anwendung des genannten Operators ein Raumbegriff herauskommt. Zeit und Raum stehen dabei (wenn wir die bequeme geometrisch-bildliche Sprache benützen) rechtwinklig aufeinander. Umgekehrt läßt sich der Begriff Zeit mittels desselben Operators aus einem andern Begriff ableiten; und von diesem läßt sich feststellen, daß er sich auf Empfindung bezieht; bzw. läßt sich durch Anschreibung eines inversen Operators Empfindung aus Zeit ableiten. Zeit und Empfindung stehen wiederum rechtwinklig aufeinander.

Die Identifizierung wird dabei zum Teil aus erkenntnis-theoretischen Erwägungen heraus vollzogen, die der kantischen Vernunftkritik entnommen sind, zum weitaus wichtigeren Teil aber aus der Aufweisung gewisser mathematischer Eigentümlichkeiten und Merkmale, die sich für den Raum und die Empfindung ergeben. Es stellt sich dabei heraus, daß der Raum, schon als bloßer Begriff, alles andere ist als ein formloser leerer Behälter; er weist eine Reihe von geometrischen Eigenschaften auf, die wir, in unserer gewöhnlichen Interpretation der Umwelt, gewissen Kräften wie Gravitation und Elektromagnetismus zuschreiben. Vor allem erweist sich, daß der Raum (immer als begrifflich gegeben) nicht starr und tot ist, sondern dynamischer Natur; er hat die metrischen Eigenschaften eines räumlichen Systems, das sich unter dem Einfluß von gravitierenden Massen in einem bestimmten Bewegungszustand befindet, ebenso verhält er sich wie gewisse elektromagnetische Felder, als deren Träger man den „Äther" erfunden hat: er ist s t r a h l e n d e r R a u m. Eben darum kann man auch statt des Wortes „Raum" das Wort „Äther" setzen.

Wir kommen dabei in Fühlung mit den Ansichten der kantischen Vernunftkritik über Raum und Zeit, nach denen diese nicht Eigenschaften etc. der „wirklichen Dinge" sind — ähnlich wie (in einem viel gröberen und trivialeren Sinn freilich) auch Farben z. B. als solche, als Sinnesqualitäten, dies nicht sind —, sondern bloß F o r m e n der reinen Anschauung. Indem wir den metalogischen Kalkül mit Hilfe des genannten Operators auf die Ausgangsgröße „Zeit", also eine Anschauungsform angewandt haben, sind auch die Metamorphosen dieser, Raum und Empfindung, reine Anschauungsformen. Nur erweisen sie sich bei ihrer metalogischen Analyse als weit weniger abstrakt, als man ursprünglich denken mochte; bereits als reine Anschauungsform ist der Raum dynamischer Natur, die sich für ihn ergebende Geometrie ist die für gewisse Gravitations- bzw. elektromagnetische Felder gültige, und somit ist auch die Gleichsetzung von Äther und reiner Anschauungsform zulässig. Unter diesem Gesichtswinkel ist es für den kantisch orientierten Philosophen nicht mehr unannehmbar, daß der „leere Raum mit physikalischen Qualitäten ausgestattet ist" (Einstein). Die „physikalischen Qualitäten" freilich erweisen sich dabei als rein formaler Natur. Wir gehen den umgekehrten Weg wie die modernen (theoretischen) Physiker: diese stiegen in der Physik auf und landeten in der Geometrie (in etwas Begrifflichem also), und wir beginnen mit Begrifflichem und kommen auf Physik. Beide Gebiete fließen zusammen. Gegen diese Gleichsetzung von Physik und Geometrie polemisieren zwar manche: Hans Reichenbach, Aloys Müller u. a. Doch läuft die Demarkationslinie, genau genommen, schon zwischen experimenteller und theoretischer (mathematischer) Physik. Wenigstens insoweit letztere das Qualitative aus sich entlassen hat, ist sie eine formale Wissenschaft wie die Geometrie; und die Argumentation, daß die Auswahl der jeweils gültigen

Geometrie durch physikalische Gesichtspunkte bestimmt ist, erfährt durch unseren Herleitungsweg eine wesentliche Verschiebung.

Durch Ausübung des inversen Operators auf die Zeit, also nach der andern Seite sozusagen der Zeit, ergibt sich Empfindung. Es klingt befremdend, daß auch die Empfindungen mit Hilfe mathematischer bzw. geometrischer Merkmale identifiziert werden. Die meisten unserer Empfindungen sind vage und unklar — mit „gefühlsmäßig" bezeichnet das der allgemeine Sprachgebrauch —, und sie scheinen der Exaktheit des Mathematischen direkt zu widerstreiten. Dennoch haben wir ein Gebiet solch exakter „objektiver" Empfindungen: Die Musik. Es sei nur daran erinnert, daß der Musiker in dem (rechtwinkligen) Notenbild eine regelrechte Geometrie der (musikalischen) Empfindungen entwickelt hat, daß er (quantitativ meßbare) Intervall-Vorstellungen besitzt, die in engem Zusammenhang zu gewissen Zahlenbeziehungen (Schwingungszahlen oder, physikfrei bestimmt, Tonzahlen) stehen usw. In unmißverständlicher Weise kann man darum, soweit musikalische Empfindungen in Frage kommen, von einer „Musikebene" reden.

Zwischen Raum und Zeit sowie zwischen Zeit und Empfindung bestehen dieselben Relationen: sie werden durch denselben Operator auseinander abgeleitet. Da der Raum sich als ein „Schwere-Raum" herausstellt, muß etwas der Schwere Analoges auch für die Empfindung gelten. Das ist in der Tat der Fall; wir sprechen in der Musik vom „Grundton" als „Träger" der Harmonie, z. B. von „hohen" und „tiefen" Tönen usw.

Es führt dies, grob skizziert, zu folgender Ansicht. Raum und Zeit (Physik), ebenso wie Zeit und Empfindung (Musik) sind beides nur Teilausschnitte eines einheitlichen Wesens. Wie die theoretischen Physiker seit Minkowski die drei Dimensionen des Raums und die Dimensionen der Zeit zu einer vierdimensionalen „Union" zusammengesetzt haben, die sie „die Welt" nennen, so führen jetzt die metalogischen Operationen dazu, Raum, Zeit und Empfindung zu einer fünfdimensionalen Union zusammenzusetzen, für das wir, bis wir einen besseren Namen gefunden haben, den Namen „Welt" beibehalten. Und wie die Physiker, den Punkten, Linien, Flächen, Körpern als Gebilden des 0-, 1-, 2-, 3-dimensionalen Raums entsprechend, das Gebilde der vierdimensionalen „Welt" als „Weltereignis" bezeichnet haben, so könnten wir, für das analoge fünfdimensionale Gebilde von einem „Welterlebnis" sprechen.

Wenn wir zwei Raumdimensionen unterdrücken, d. h. uns einen bloß eindimensionalen, nur in einer geraden Linie ausgedehnten Raum denken, dann läßt sich unter Anlehnung an die aus der Elektrodynamik bekannten Dreifingerregeln ein anschauliches Bild dieses Weltwesens machen. Zeigefinger, Mittelfinger und Daumen lassen sich in eine Lage bringen, daß sie annähernd alle untereinander rechte Winkel bilden. Sei (dem Anklang zuliebe) die Richtung des Zeigefingers die der Zeit, die Richtung des Daumens die des (eindimensionalen) Raums, so stellt die Lage des Mittelfingers die Empfindung dar. Die Ebene: Zeigefinger-Daumen veranschaulicht dann das Gebiet der Physik; die Ebene: Zeigefinger-Mittelfinger das der Psychologie, speziell der Musik.

Unsere anfängliche Ansicht korrigiert sich nun dahin: nicht der Äther für sich ist der Träger des Seelischen, sondern jenes fünf- (und mehr-) dimensionale Weltwesen, dessen dreidimensional-räumlicher Ausschnitt sich als Äther manifestiert. Dessen Leib sozusagen, um bildlich zu sprechen, der leere Raum ist, und dessen Seele die objektive Empfindung.

Mit dem Raum-Zeit-Ausschnitt vornehmlich beschäftigt sich die vorliegende Arbeit. Für den Physiker kommt dabei nichts Neues heraus. Das Interesse dieser Schrift ist ein philosophisches; es handelt sich hier nicht darum, der Physik Konkurrenz zu machen, sondern zu zeigen, daß man auch von der Seite der (kantischen) Philosophie zu übereinstimmenden Ergebnissen kommt. Die dabei gebotene Methodik wird wohl auch den modernen Physiker interessieren, der ohnehin das Fehlen adäquater philosophischer Raum- und Zeit-Theorien als eine Lücke empfunden hat, — umsomehr als der Weg hier nicht über den Tensorkalkül führt[2]; gleichwohl wendet sich diese Schrift an den Philosophen. Damit setzt sie sich allerdings, was die Darstellung anbetrifft, zwischen zwei Stühle. Will sie die Identität der sich metalogisch ergebenden Räume mit Dingen der modernen theoretischen Physik nachweisen, so muß sie natürlich die Sprache dieser sprechen, d. h. sie muß den metalogischen Apparat an den mathematischen Ap-

---

[2] Nicht aus Eigenbrödelei lege ich darauf Wert, daß die Ableitung der Struktureigentümlichen des Schwereraumes unabhängig von dem Wege erfolgt, den die Relativitätsphysik dazu einschlägt, also nichts mit der Erzeugung des metrischen Felds durch die gravitierende Masse zu tun hat, nicht über die Bestimmung der Dreiindizessymbole im kugel-, rotations- etc. symmetrischen Felde führt. Während hiebei in der Tat die Geometrie durch die Physik bestimmt wird (was man, ohne in Nichtssagendes auszuarten, nicht gut umkehren kann), hat nach den Gedankengängen der Metalogik der Raum bereits a priori solche Struktureigentümlichkeiten; er teilt sie mit anderen Kontinuis, wie z. B. dem der Empfindungen; und sie entspringen letzten Endes aus der qualitativen Natur des Gesamtkomplexes, der oben genannten „Union".

parat der modernen Physik anschließen. Dieser liegt aber dem Philosophen meist recht fern. Es ergibt sich darum notwendig folgende „Arbeitsteilung": Die allgemeinen und philosophischen Dinge werden in möglichst gemeinverständlicher Form, manchmal sogar der flüssigeren Diktion wegen unter Inkaufnahme einer nicht ganz präzisen Ausdrucksweise im allgemeinen Teile besprochen, so daß sich ein ungefährer Überblick ergibt; das eigentliche Identifizierungsgeschäft mitsamt dem Artilleriepark der schweren mathematischen Apparaturen mußte in einen theoretischen Teil gepreßt werden.

Für den, der mit diesen Dingen vertraut ist, gibt es dann freilich nichts Neues. Aber diese Schrift will Philosophie sein, nicht Physik. In dieser Absicht hat sie ein Interesse daran, die Brauchbarkeit ihrer neuen Methoden, der metalogischen, durch Anwendung auf Wohlbekanntes in möglichst engem Anschluß daran zu erhärten, bevor sie ins Unbekannte vorstößt. Es handelt sich fürs erste um Sicherung der rückwärtigen Verbindungen, sonst laufen wir Gefahr, in der Luft zu hängen. Oder, mit einem etwas sanfteren Bild, daß wir eine Reihe sehr schöner Seifenblasen steigen lassen, die die prächtigsten Traumfarben spiegeln, aber mit der Wirklichkeit nur die eine Berührung haben, daß sie dabei zerplatzen. Mit anderen Worten: daß wir uns in völlig wirklichkeitsfremde und unkontrollierbare metaphysische Spekulationen verlieren.

Nun ist auch Metaphysik nicht schlechthin zu verwerfen, so lange sie sich offen zu erkennen gibt, und keine weitergehenden Ansprüche stellt. Es schadet nichts, einmal auch der Phantasie freien Lauf zu lassen, wofern man nur nicht die Gewalt darüber verliert. Im Rahmen der vorliegenden Schrift wird vermieden, auf das Metaphysische einzugehen. Sie macht Halt (mit Ausnahme vielleicht gewisser Wendungen, die dem lebendigen Ausdruck zuliebe hinüberzuschweifen scheinen) möglichst korrekt bei der Aufzeigung der Koinzidenzen, welche die metalogischen Entwicklungen und die der theoretischen Physik zeigen. Letztere spiegelt den Niederschlag der Messungen wieder, welche die experimentelle Physik an allerlei Skalen abliest; und dadurch ist auch Übereinstimmung mit der „Wirklichkeit" gegeben.

Natürlich wird dabei die Frage brennend, warum solche Koinzidenzen bestehen. Damit sind wir dann freilich mitten in metaphysischen Erwägungen drin. Nachdem die nächstliegende Annahme, daß sich die Anschauungsformen nach den „wirklichen Dingen" richten, vor den kritischen Einwänden nicht standhält, können wir die Hypothese der „Brille" machen. Unser Aufnahmeapparat: sinnliche Wahrnehmung, intellektuale Verarbeitung, eventuell auch die Übereinkunft auf gewisse Konventionen, die Konstruktion der experimentell-physikalischen Versuchsanordnungen mitinbegriffen, enthielte danach bereits alles, was wir über die „Wirklichkeit" zu ermitteln glauben. Wir wären dann die ewig Genarrten; anstatt etwas über die „Dinge" zu erfahren, wären wir verurteilt, die Eigenschaften der „Brille" zu studieren. Wir können aber auch, nach Hinwegräumung starker und sehr diffiziler Einwendungen von seiten der kritischen Philosophie, annehmen, daß wir es im tiefsten Urgrund alles Seins mit demselben Wesen zu tun haben; grob gesagt, daß die Anschauungsformen mit der „Welt" identisch sind. Das führt auf die Interpretationsweise der idealistischen Philosophie: wir geraten in die Nähe Platos und Pythagoras und des Proklus, Plotin bis herauf zu Kepler: Reine Form, die Zahl, der Tensor, etwas Mathematisches also ist das Wesen aller Dinge. Woran man sich halten will, das ist gewissermaßen Sache des Temperaments, des Glaubens. Ferner ist es davon abhängig, was das für ein Subjekt sein soll, das diese Wahrnehmungen und intellektuellen Verarbeitungen etc. hat. Halten wir an der Fiktion des isolierten, vom Außer-ich streng geschiedenen individuellen Ego fest, so bleibt uns, da es nun einmal Erkenntnisse a priori gibt, nur die Brille übrig. Aber bei der (objektiven) Empfindung greift die „Welt" in die geheiligten Bezirke des „Inneren" über, gerade in das scheinbar Subjektivste, die Empfindung. Das Innere, Subjektive, läßt sich ohne Einführung einer wesentlichen Fehlerquelle, gar nicht von dem Äußeren, Objektiven trennen. Verhält es sich, was nahe liegt, mit anderen psychischen Dingen ähnlich, lassen sich Wahrnehmen, Denken, Begreifen in irgendeiner analogen Weise als „Dimensionen" der „Welt" darstellen, so wendet sich der ganze Erkenntnisakt offenbar nicht an das individuelle Ego, sondern an ein übergeordnetes, eine Art W e l t - s e e l e. Die Welt hätte dann neben ihren mannigfachen anderen Funktionen auch die einer Selbstbespiegelung, einer Selbsterkenntnis; und sie bediente sich zu diesem Zwecke der Einzelseelen als ihrer Zellen, ihrer Organe. Dann braucht man auch in der Interpretation des „a priori" nicht mehr allzu ängstlich zu sein: unbeschadet der festgehaltenen Bedeutung: „vor aller (äußeren) Erfahrung" darf man die Herausentwicklung der Anschauungsformen a priori in enger Wechselwirkung mit der Außenwelt, vielleicht sogar unter bestimmender Einwirkung dieser, zugeben: gehen sie doch beide auf denselben Urgrund alles Seins zurück:

Reine Form als Wesen aller Dinge

1. TRANSZENDENTALE PHYSIK

Zwischen den Philosophen auf der einen Seite und den Mathematikern und Physikern auf der anderen besteht seit geraumer Zeit ein latenter Kriegszustand. Strittiges Gebiet sind gewisse Grundbegriffe, deren die Mathematiker und Physiker zum Aufbau ihrer Wissenschaften nicht entraten können, die aber zweifellos auch in die Domäne des Philosophen gehören. Neben Materie und Kraft ist der Hauptzankapfel der leere Raum und die Zeit.

Durch die gewaltigen Erfolge der reinen Mathematik bei der Konstruktion nicht-euklidischer, beliebig gekrümmter n-dimensionaler Räume und durch die verblüffenden Feststellungen der Relativitätsphysiker, daß diese konstruktivistischen „Luftschlösser" der Mathematiker sogar physikalische Bedeutung besitzen, und daß sie daran sind, andere physikalische „Realitäten" wie Materie, Feld, Kraft in sich aufzusaugen, ist es auf philosophischer Seite etwas still geworden. Doch hält die kantische Schule (für Raum- und Zeitfragen unter den philosophischen zweifellos die kompetenteste) mit Recht daran fest, daß Raum und Zeit reine Anschauungsformen a priori sind; und einsichtige Physiker, wie H. Weyl, geben ihnen darin recht. Überhaupt ist die Geometrisierungstendenz der mathematischen Physiker ein ganz bedeutender Schritt, den Gegensatz zu überbrücken. Ich zitiere aus H. Weyl's Raum, Zeit, Materie (1. Auflage): „Innerhalb der Physik ist es vielleicht erst durch die Relativitätstheorie klar geworden, daß von dem uns in der Anschauung gegebenen Wesen von Raum und Zeit in die mathematisch konstruierte physikalische Welt nichts eingeht. Farben z. B. sind „in Wirklichkeit" nicht einmal Ätherschwingungen, sondern mathematische Funktionsverläufe." (Einleitung.) „Je weiter sich die Physik entwickelt, um so deutlicher wird es, daß die Beziehungen zwischen der Wirklichkeit, die jeder von uns lebt, und jenen objektiven Wesenheiten, von denen die Physik in mathematischen Symbolen handelt, durchaus nicht so einfach sind, wie es der naiven Auffassung erscheint, und daß von dem Inhaltlichen jener unmittelbar erfahrenen Wirklichkeit in die physikalische Welt im Grund nichts eingeht. Immer klarer tritt zutage, daß die Physik eine Wissenschaft von genau dem gleichen Gepräge ist wie die Geometrie, die jetzt von ihr aufgesogen wird. Maxwellsche Theorie und analytische Geometrie sind sich in ihrer mathematischen Konstitution zum Verwechseln ähnlich. Die Physik, das stellt sich damit heraus, handelt gar nicht von dem Materiellen, Inhaltlichen der Wirk-

lichkeit, sondern was sie erkennt, ist lediglich deren f o r m a l e V e r
f a s s u n g." (Schluß.) „So tief die Kluft ist, welche für unser Erleben
das anschauliche Wesen von Raum und Zeit trennt, — von diesem
qualitativen Unterschied geht in die objektive Welt, welche die Physik
aus der unmittelbaren Erfahrung herauszuschälen sich bemüht, nichts
ein. Sie ist ein vierdimensionales Kontinuum, weder „Raum" noch
„Zeit"; nur das an einem Stück dieser Welt hinwandernde Bewußtsein
erlebt den Ausschnitt, welcher ihm entgegenkommt und welcher hinter ihm zurückbleibt, als G e s c h i c h t e , als einen in zeitlicher Entwicklung begriffenen, im Raume sich abspielenden Prozeß" (S. 172).

Das könnte alles beinahe ein Kantianer geschrieben haben. Oder ein
durch die kritische Schule gegangener moderner Neuplatoniker, der
die Welt der Erscheinungen aus einer Abfolge rein formaler, abstrakter
Beziehungen zu deduzieren unternimmt. In dieser Fassung ist die
Physik keine empirische Wissenschaft mehr, obwohl in wunderbarer
Weise die Wirklichkeit (in Form von Messungszahlen) den Deduktionen der Relativitätstheoretiker (aus dem allgemeinsten Invarianzprinzip) korrespondiert. Diese Physik ist, anders herum betrachtet,
reine Geometrie geworden; als solche ist sie, wie diese in kantischer
Sprache der transzendentalen Ästhetik zugehört, transzendentale Physik, und sie teilt das Schicksal aller transzendentalen Wissenschaften,
daß sich alles „Reale" (Materie, Kraft etc.) verflüchtigt, in reine Form
auflöst. Als reine Geometrie handelt sie von den Formen der Anschauung, trotz der pessimistischen Feststellung, daß von dem „anschaulich gegebenen Wesen von Raum und Zeit nichts in sie eingeht."
Zu solchem Pessimismus ist nur Anlaß, wenn man, woran auch die
meisten Philosophen noch krampfhaft festhalten, die Formen der
reinen Anschauungen mit den Räumen etc. der euklidischen Geometrie, der klassischen Mechanik, identifiziert. Dafür aber haben wir
keinen Grund. Wir werden im Verlauf dieser Abhandlung zeigen, daß
auch für die reine Anschauung Raum und Zeit untrennbar (vierdimensional) verbunden sind; daß die Zeit gelegentlich als Fläche
auftreten kann usw. usw. Damit fällt auch bei den reinen Anschauungsformen eine Beschränkung der Dimensionszahlen auf 3 weg.
Ebenso sind die Räume der verschiedenen nichteuklidischen Geometrien, der Riemannschen, Nicht-Riemannschen Geometrien etc. mögliche Formen der Anschauung a priori; die Axiome wie hauptsächlich
die an Stelle des Parallelenaxioms tretenden, die die betreffende Geometrie konstituieren, sind synthetische Urteile a priori.

Das Parallelenaxiom ist selbst ein synthetisches Urteil a priori. Wenn die formalistischen Mathematiker tun, als ob es eine willkürliche Konvention sei, so ist das ihr gutes Recht. Sie kommen für ihren Aufgabenkreis schnell über die Schwierigkeiten hinweg zur Arbeit, und es kann „nichts mehr passieren", m a t h e m a t i s c h kann sich kein Fehlschluß einschleichen.

Aber damit, daß man derartige Sätze als Axiome oder Konventionen deklariert, kommt man nicht darüber hinweg, daß sie aus der reinen Anschauung geschöpfte, von der Erfahrung unabhängige Aussagen sind. Andererseits ist, weil uns beim euklidischen Raum das Parallelenaxiom unmittelbar einleuchtet, dieser nicht die einzige Form der reinen Anschauung; er ist weder „richtiger", noch auch in bevorzugtem Sinne „a priori". Das Wort „Urteil" darf nicht zu der Ansicht verleiten, „a priori" besage, daß die betreffende Aussage „richtig" (d. h. mit einer eventuellen Wirklichkeit übereinstimmend) sein müsse. Es gibt auch hypothetische, auch disjunktive Urteile; um solche der letzteren Art handelt es sich beim Parallelenaxiom bzw. dessen nichteuklidischen Äquivalenten. Für uns sind vorerst alle möglichen Geometrien und die „Räume", die ihnen entsprechen, reine Gedankendinge a priori (Luftschlösser), bei denen ein Anschauungsmoment beteiligt ist; und es besteht nur der (im wesentlichen nebensächliche) Unterschied, daß wir uns einmal darunter etwas unmittelbar anschaulich vorstellen können, während das in den anderen Fällen nur durch Erweiterungen, Variationen und Analogien in der Abstraktion möglich ist.[3]

Paradox formuliert sind es nicht mehr anschauliche Formen der r e i n e n Anschauung.

---

[3] Es gibt wohl auch einen rein mathematischen Vorrang der euklidischen Geometrie, auf den es letzten Endes zurückgeht, daß wir einen nicht-euklidischen Raum immer in einem euklidischen Bezugsraum darstellen; dieser liegt auf arithmetischem bzw. funktionentheoretischem Gebiet. Nach Hilbert, auf den wir noch zu sprechen kommen, entspricht die synthetische, euklidische und archimedische Geometrie einer analytischen Geometrie (der kartesischen), in der als Koeffizienten der Zahlenpaare bzw. Zahlentripel nur r e e l l e Zahlen zulässig sind. Diese Beziehungen weisen auf Hintergründe alles Geometrischen, auf eine allgemeine Ausdehnungslehre (H. Graßmann), die gerade für den Philosophen sehr interessant ist. Es gehört zu den faszinierendsten Kapiteln der Mathematik, wie in einem Gebiet reiner Zahlen, der gemeinen komplexen z. B., plötzlich die sinus- und cosinus-Funktionen der ebenen Trigonometrie, in ganz wunderbarer Weise zur komplexen Einheit sich ergänzend, Bedeutung bekommen, oder wie in dem analogen „vierdimensionalen" Gebiet höherer komplexer Zahlen sich gewisse dreidimensionale Vektoren und Zeit-Skalare, die in der Theorie des Elektromagnetismus eine entscheidende Rolle spielen, zu Einheiten zusammenschließen. Das hat schon etwas von „prästabilierter Harmonie" an sich.

Durch diese Übersetzung Kants ins Nicht-Euklidische (die meisten seiner Ausführungen erfüllen ihren Zweck, auch wenn man sie auf n-dimensionale beliebig gekrümmte „Räume" etc. überträgt) hat sich die Kluft zwischen dieser „transzendentalen Physik" und der Transzendentalphilosophie geschlossen. Aber damit allein kommen wir noch nicht weiter. Im Gegenteil, wir befinden uns in einem Dilemma, einem embarras de richesse. Während wir sonst keine andere Wahl hatten, als die Konstruktion des Weltbildes nach dem Modell der dreidimensionalen euklidischen Geometrie zu versuchen, wissen wir jetzt nicht, welche von den unzähligen Geometrien wir anwenden sollen. Wir sind hier nicht in der angenehmen Lage der Physik, die sich unter allen Geometrien jene heraussuchen kann, mit der die mathematische Beherrschung der Naturgesetze und die Übereinstimmung mit der Wirklichkeit erreichbar ist. Aber schon in der transzendentalen Physik tritt als Kriterium der Überzeugungskraft einer Theorie neben die selbstverständliche Forderung der Übereinstimmung mit der Wirklichkeit (d. h. den Messungszahlen) das Kriterium ihrer Einfachheit und größten Allgemeinheit. Der Verzicht auf Anschaulichkeit, auf das greifbare euklidische Modell, kann nur verschmerzt werden, wenn die sich ergebenden „Ordnungsgefüge" von durchsichtigster Einfachheit sind, und wenn sie sich mit innerer Folgerichtigkeit aus einem großen, leitenden Grundprinzip ergeben, so daß sie mit Recht als „Gesetze" angesprochen werden können. In der Tat sind, in der Relativitätsphysik vor allem, die Gesetze von unglaublicher Einfachheit und Formschönheit; daß sie für den Laien so verzwickt ausschauen, liegt daran, daß sie Differentialgesetze in einem nicht-euklidischen Gebiet sind. Innerhalb dieses Gebietes handelt es sich aber für die fundamentalen Dinge immer wieder um wenige fundamentale Operationen: um ein paar Exponentialfunktionen, um sin- und cos-Funktionen u. a., um einfachste Divergenz- und Rotationsbildungen der Vektor- und Tensoranalysis.

Bei der Entwicklung der reinen, allgemeineren Anschauungsformen liegt es ähnlich. Auch hier müssen sie sich aus einem großen leitenden Gesichtspunkt ergeben; es muß eine gewisse Struktur erkennbar sein, besonders bezüglich des Zusammenhangs der uns unmittelbar vorstellbaren Formen mit deren Verallgemeinerungen. Sie müssen mit wenigen Operationen darstellbar sein, sonst wäre der Einwurf berechtigt, daß man die Voraussetzungen so lange zurechtgebogen hätte, bis durch eine endlose Kette von willkürlichen Operationen das gewünschte Resultat schließlich doch herauskommen muß. In solch einem Fall hätte der Laie recht, daß man „mit Mathematik alles beweisen kann". Und daß eine Ordnung unendlichsten Grads keine Ordnung mehr ist, sondern eine Unordnung, und eine entsprechende Gesetzmäßigkeit Gesetzlosigkeit.

Es handelt sich also darum, ein leitendes Prinzip zur Ableitung und Entwicklung der Anschauungsformen zu entdecken. Dieses Prinzip werden wir in logischen Untersuchungen finden, in einer Erweiterung der gewöhnlichen Logik zu einer übergeordneten Logik, einer Metalogik. Die Konstruktion dieser Metalogik hat sich ursprünglich in einem ganz abgelegenen Gebiet als notwendig erwiesen, nämlich zur Ableitung der Musiktheorie. Sie führt dort zu der Ableitung einer Zeit-Empfindungs-Mannigfaltigkeit (mit gewissen Eigentümlichkeiten), die seit Jahrhunderten den Musikern bekannt ist als etwas, was man mit Musikfläche bezeichnen könnte und was charakteristischerweise durch das Notenbild (ein kartesisches Koordinatensystem) symbolisiert wird. Nimmt man analoge Entwicklungen für Raum und Zeitinhalte vor, so kommen wir auf ein Raum-Zeit-Kontinuum, das überraschenderweise bereits fundamentalste physikalische Eigenschaften (Gravitation, Elektromagnetismus) besitzt.

2. GRUNDBEGRIFFE UND VORAUSSETZUNGEN

Um möglichst schnell auf den Kern der Sache und zu greifbaren Resultaten zu kommen, ist es ratsam, daß wir uns hier nicht lange mit Definitionen und Begriffsanalysen aufhalten. Wir übernehmen, soweit es das Mathematische betrifft, gewisse Begriffe, Operationen und dergl. gleichsam provisorisch aus bekannten Disziplinen, erweitern sie durch Verallgemeinerungen auf das neue Gebiet; geben, wo es notwendig ist, die abweichende Bedeutung an, ohne uns aber vorläufig um alle und jede Konsequenz und um die endgültige und schärfste Formulierung zu bekümmern. Das ist gewiß kein Verzicht auf Exaktheit, sondern vielmehr ihre Vorwegnahme; durch den möglichst engen Anschluß an die bereits ausgearbeiteten Methoden der Mathematik haben wir auch Teil an deren allgemeiner Verbindlichkeit; und da es uns gelingt, für die Zwecke der vorliegenden Abhandlung die begrifflichen Operationen auf eine bzw. zwei fundamentalste zu beschränken, die durchaus denen der bekannten Mathematik entsprechen, können wir alles weitere im Dunkel lassen. Die Behandlung dieser entfernteren Dinge und die „definitive" (in der doppelten Bedeutung) Festlegung ist Sache einer wesentlich umfangreicheren Aufgabe; es liegt hier ähnlich wie bei einer technischen Erfindung, bei der die Abfassung der Patentschrift mit ihren technologisch-juristischen Definitionen und Formulierungen meist das Letzte (und oft auch Schwierigste) ist. Eine junge Disziplin ist nicht gehalten, sich von vorneherein durch einen schwerfälligen axiomatischen Apparat die leichte Beweglichkeit zu benehmen, sofern sie nur in der Lage ist, durch geeignete vorläufige Beschränkung des Aufgabenkreises und durch möglichst engen Anschluß an Bekanntes, festen Boden unter die Füße und damit schnelle Aktionsmöglichkeit zu bekommen. Im Verlauf der Arbeit ergeben sich dann gewisse schärfere Formulierungen, auch manche Korrekturen von selbst.

Es ist daher zweckmäßiger, nicht gleich mit dem „Eiertanz" der vorsichtigen Definitionsstellung zu beginnen, sondern vorläufig der größeren Lebendigkeit zuliebe ganz naiv in medias res zu gehen. Die strenge Kodifizierung nach den Spielregeln der mathematischen Jurisprudenz mag dann nachgeholt werden, wenn man über die mathematische Technik einmal genügend Überblick hat.

Die genannten günstigen Umstände ermöglichen es uns, weitgehenden Gebrauch von den prachtvoll ausgearbeiteten „Rechenmaschinen" der modernen widerspruchsfreien Mathematik zu machen, insbesondere von den Systemen der gemeinen und höheren komplexen Zahlen, die ja wieder ganz überraschenderweise arithmetische Spiegelbilder fundamentalster räumlicher Beziehungen der kartesischen Geometrie sind, bzw. als deren räumliche Formwerdung man die geometrischen Beziehungen ansehen kann. Ferner von den Differentialoperationen (und ihren Umkehrungen: den Integrationen) der gewöhnlichen, wie auch der Vektor- und Tensoranalysis.

Lediglich für die Deutung dieser Operationen werden wir den metalogischen Kalkül, die Lehre von den nicht-widerspruchsfreien Größen und Gleichungen benötigen; der Kalkül mit diesen Größen ist jedoch, soweit er hier in Frage kommt, so eingerichtet, daß er sich vollzieht wie mit gewöhnlichen widerspruchsfreien Größen, ohne daß besondere Vorsichtsmaßregeln nötig wären. Das kommt daher, daß wir es hier nicht mit (widerspruchsvollen) Gleichungen zwischen metalogischen Größen verschiedener Bereiche, d. i. Einheiten verschiedener Ordnung zu tun haben, sondern nur mit den Metamorphosen dieser höheren Einheiten. Eine Seite einer Gleichung allein enthält aber keinen Widerspruch.

Die Metalogik ist, wie schon ihr Name andeutet, eine Disziplin, die auf Denkdinge und ihre Verknüpfungen gerichtet ist, ohne daß zunächst die Existenz eines diesem Denkding entsprechenden „wirklichen" Dings in Frage steht. Sie verhält sich in dieser Hinsicht ebenso wie die formale Logik, geht darin aber über sie hinaus, daß sie allgemeinere Denkregeln aufstellt, und den Satz vom Widerspruch (in gewissen Etappen) außer Kraft setzt. Wie das geschieht, und wie es möglich ist, daß der Kalkül trotz der auftretenden Widersprüche exakt arbeitet, werden wir im theoretischen Teil sehen. Es läuft darauf hinaus, daß das Denken, d. h. das Setzen von Denk-Inbegriffen (höheren Einheiten) als ein variabler Prozeß betrachtet wird, auf den wie auf andere variable Prozesse die Grundsätze der Differential- und Integralrechnung angewendet werden.

Das Wort „Denkdinge", oder vielleicht, da es wegen seiner engen Verwandtschaft zum Substanzbegriff der herkömmlichen Logik unsere Darstellung zu sehr in den (prinzipiell verlassenen) Bereich des Widerspruchsfreien zurückzudrängen tendiert, besser das Wort „Denkkomplexe" nehmen wir hier in einem weiteren Sinne, als es die gewöhnliche Logik tut. Es fallen darunter neben eigentlichen Begriffen auch Inhalte wie Raum und Zeit: Denkkomplexe, die genauer als Formen der reinen Anschauung a priori bezeichnet werden. Zweifellos sind diese rein geistig gegeben, und sie werden in der reinen Mathematik, Arithmetik und Geometrie unabhängig von jeder Befragung einer „wirklichen" Außenwelt a priori behandelt und untersucht. Das ist besonders deutlich an ihrer Zusammenfassung, der „Raum-Zeit" (Minkowskis „Welt") zu sehen: diese ist zunächst bestimmt nur ein Gedankending außerhalb jeder (äußeren wie inneren) Erfahrung, das man sich nicht einmal mehr richtig vorstellen kann; ihre Eigenschaften untersucht die vierdimensionale Vektor- und Tensor-Geometrie rein a priori, wobei sich verblüffenderweise herausstellt, daß in der „Wirklichkeit" diesem Gedankending physikalische Daten korrespondieren.

Auch die Inhalte: Raum und Zeit übernehmen wir sozusagen in Bausch und Bogen ohne genauere philosophische und erkenntniskritische Analyse. Sie haben daher zunächst durchaus die naive Bedeutung, die sie auch in der modernen Physik haben (vgl. Weyl, Raum-Zeit-Materie, Einleitung). Die Zeit gilt uns als ein linearer Ablauf (ein eindimensionales Kontinuum), beim Raum denken wir zunächst an den dreidimensionalen homogenen euklidischen Raum, halten uns aber prinzipiell (auch für die Raum-Zeit) alle Verallgemeinerungen zu beliebig gekrümmten Riemannschen etc. Räumen offen.

Raum und Zeit sind enger ineinander verfilzt, als es zuerst den Anschein hat. Der allgemeine Sprachgebrauch (ein „Zeitraum von x Jahren" z. B.) bringt zum Ausdruck, daß wir niemals zum Begriff eines Zeit v e r l a u f s kommen, wenn wir nicht, in Gedanken wenigstens, hinter der verfließenden Zeit sozusagen eine feste, unveränderliche „Zeit" setzen, an der wir die Veränderungen der ersteren messen. Wenn wir uns nicht auf die unsicheren psychologischen Merkmale unseres Gedächtnisses verlassen wollen, können wir die Zeit nur mittels der Durchlaufung einer gewissen Raumstrecke, also mittels einer „Uhr" messen. Umgekehrt messen wir eine Raumstrecke dadurch, daß wir einen Maßstab zählend durchlaufen. Bei sehr großen Strecken, Lichtjahren z. B., tritt dies besonders in Erscheinung: ein Lichtjahr ist die Strecke, die der Lichtstrahl in einem Jahr durcheilt.

Neben dem starren, statischen Raum haben wir also noch einen veränderlichen, dynamischen, ebenso wie wir neben der verfließenden, dynamischen Zeit eine starre, statische haben. Wir werden für diese beiden Formen sehr einfache Ausdrücke erhalten, je nachdem in den betreffenden mathematischen Formeln variable bzw. konstante Größen auftreten. Da es sich dabei darum handelt, daß durch die metalogisch-mathematischen Operationen der Begriffsverwandlungen ein Rauminbegriff in einen Zeitinbegriff, bzw. umgekehrt, verwandelt werden kann, tritt der Raum, der aus der dynamischen Zeit abgeleitet wird, ebenfalls als dynamischer auf, und zwar erweisen sich diese dynamischen Eigenschaften des (zeitlich) veränderlichen Raums als formal identisch mit physikalischen Qualitäten (Kräften) wie Gravitation und Elektromagnetismus. **Der leere Raum, die reine Anschauungsform a priori, erweist sich als mit physikalischen Qualitäten ausgestattet.** (Einstein 1921.)

Setzt man nun in die mathematischen Ausdrücke für die dynamischen Zeit- bzw. Raum-Inbegriffe konstante Größen ein, so erhält man die statische Zeit bzw. den statischen Raum. Beide treten gewissermaßen als Erstarrungen des dynamischen Flusses auf, etwa wie die russischen Regisseure den lebendigen Ablauf eines Films durch hineinmontierte, die momentane Situation festhaltende Fotos unterbrechen und fixieren. Auch diese statischen Spezialfälle, die (nur für die Reflexion gegebenen) Fixierungen der dynamischen Anschauungsformen teilen mit diesen gewisse Eigentümlichkeiten, vor allem die, daß sie (metrisch) nicht h o m o g e n sind. Metrisch homogen ist lediglich das Kontinuum der (gemeinen bzw. höheren) komplexen Zahlen, auf die sich die genannten mathematischen Ausdrücke beziehen.

Das Kontinuum der gemeinen bzw. höheren komplexen Zahlen (der Zahlen-Paare, -tripel, -n-tupel) steht so gewissermaßen noch h i n t e r den reinen Anschauungsformen als letztes abstraktes Bezugssystem. Wir wollen dieses Kontinuum einen n-dimensionalen komplexen Z a h l e n r a u m nennen, und nehmen das Recht zu dieser bildlichen Ausdrucksweise davon her, daß die geometrischen Beziehungen des anschaulichen, dreidimensionalen euklidischen Raums genaue Entsprechungen der entsprechenden Beziehungen des komplexen Zahlenkontinuums sind. Nach Hilbert, Grundlagen der Geometrie Kap. II, sind sämtliche Axiome der synthetischen (euklidischen und archimedischen) Geometrie gültig für eine und nur eine analytische Geometrie, die alle reellen Zahlen und nur diese als Koeffizienten der grundlegenden Zahlenpaare bzw. -tripel (allgemeiner: n-tupel) zuläßt; diese Geometrie ist die gewöhnliche kartesische Geometrie. Jeder Widerspruch aus den Folgerungen der Axiome müßte in der Arithmetik des Systems der reellen Zahlen erkennbar sein. Es gibt nur eine (analytische) Geometrie, nämlich die kartesische (mit rechtwinkligen Koordinaten), die allen Axiomen genügt. Dies System von Dingen ist keiner Erweiterung mehr fähig. Ebenso bilden die reellen Zahlen (Kap. III) ein System von Dingen, das keiner Erweiterung mehr fähig ist.

Wie wir auf das System dieser Zahlen-n-tupel wegen der ein-eindeutigen geometrischen Korrespondenzen die Bezeichnung: n-dimensionaler (komplexer) Zahlenraum übertragen, so übertragen wir auch andere anschauliche Bezeichnungen wie das „Senkrechtstehen", wie sinus, cosinus etc. auf die betreffenden Beziehungen im komplexen Zahlenraum. Auch wo ein unmittelbarer anschaulicher Sinn nicht gegeben ist: etwa wenn wir sagen, daß die Zeit senkrecht zu den drei Raumdimensionen steht, oder daß sie senkrecht zur Empfindung steht, hat das seine Berechtigung, insofern zwischen den die betreffenden Inhalte symbolisierenden Größen des komplexen Zahlenraums Relationen bestehen, wie sie, auf Anschauliches angewendet, zwischen senkrecht aufeinanderstehenden geometrischen Größen bestehen. In ebendemselben Sinn redet man auch gelegentlich von einer vierdimensionalen Kugel, obwohl eine eigentliche Kugel nur im dreidimensionalen Raum vorkommt. Grammatisch gesprochen, wenden wir die Redefigur: pars pro toto an. In etwas freierer Ausdrucksweise könnte man sagen: ein dreidimensionaler Ausschnitt des komplexen Zahlenraums erscheint uns als „Raum", ein weiterer (eindimensionaler) als „Zeit" usw.

Dabei darf der n-dimensionale komplexe Zahlenraum nicht mit den reinen a priorischen Anschauungsformen identifiziert werden. Bei der Ableitung dieser Anschauungsformen auseinander, d. h. bei den Begriffsverwandlungen nach der metalogischen Methode, stellen sich diese als wesentlich spezieller, konkreter dar als der abstrakte komplexe Zahlenraum. Ebensowenig darf er als der „wirkliche" Raum erklärt werden. Das wäre eine völlig unkontrollierbare metaphysische Behauptung, die letzten Endes auf das Vorurteil zurückgeht, daß der „wirkliche" Raum homogen und euklidisch (kartesisch) sein müsse.

Auch hier sind wir in der glücklichen Lage, auf all das nicht eingehen zu müssen. Wir haben lediglich die Aufgabe, nach einer besonderen Methode gewisse Denkkomplexe auseinander zu entwickeln. Dabei kommen Relationen heraus, von denen wir in gewissen Fällen nachweisen können, daß sie sich auf die Anschauungsformen „Raum" und „Zeit" beziehen. Für diese ergeben sich gewisse Maßverhältnisse, die n i c h t die des homogenen Zahlenraums sind. Mit diesem „Gedankending", ebenso mit Ausschnitten dieses, dem Raum der abstrakten Geometrie, ist der nach unseren Methoden entwickelte Denkkomplex nicht identisch. Er ist, überraschenderweise, erheblich „realer" als jene. Beim Vergleich seiner Maßverhältnisse und Eigentümlichkeiten mit Messungen, welche die experimentellen Physiker an Apparaten abgelesen, und die theoretischen Physiker in ein mathematisches System gebracht haben, stellt sich heraus, daß sie mit diesen überraschend übereinstimmen. Die reinen Anschauungsformen haben Qualitäten, die gewissen physikalischen Qualitäten entsprechen. Umgekehrt könnte man das auch dahin deuten, daß die betreffenden physikalischen Qualitäten nichts anderes sind als die Qualitäten der reinen Anschauungsformen. Von diesem Gesichtspunkt aus wäre es nicht mehr verwunderlich, daß die Physiker auf ihrer Suche nach dem Äther, nach der Materie nichts anderes finden als leeren Raum und singuläre Stellen in diesem (dem „Felde"); und daß von den „Kräften" wie Gravitation und Elektromagnetismus nichts übrig bleibt als geometrische Beziehungen. Saul zog aus, eine Eselin zu suchen, und fand ein Königreich; der moderne Physiker sucht die „Wirklichkeit" und findet die (dynamische) Geometrie.

3. RAUMQUALITÄT UND QUANTISIERTER RAUM[4]

Die Raumstrukturen, die sich durch die metalogischen Ausführungen des mathematischen Teils ergeben, resultieren aus allgemeineren über das Räumliche weit hinausgreifenden Gesetzmäßigkeiten; der Raum selbst erscheint als Spezialfall einer allgemeineren Qualitätenlehre, als qualitativer Natur, ebenso wie etwa das Kontinuum der Töne, oder (was vielleicht noch aufschlußreicher ist) wie das der Gerüche. Letzteres gerade deshalb, weil es uns so gar keine raumartige Struktur zu haben scheint, weil uns die Unterschiede von Gerüchen rein qualitativ gegeben sind und wir hier mit einer quantisierten Vorstellung im allgemeinen (wenigstens erlebnismäßig) nichts anzufangen wissen. Zum Unterschied von den Tönen z. B., die eine Art Mittelstellung einnehmen, insofern ein Teil der Menschheit von den Tonhöhen ein deutlich quantisiertes, raumähnliches Bild hat (Notenblatt!), während ein anderer auf der qualitativen Stufe stehen geblieben ist und die Tonhöhenunterschiede nur als Qualitätsunterschiede kennt.

Das entgegengesetzte Extrem liegt beim e i g e n t l i c h e n Raum vor, den wir allgemein als quantitativ erleben; bei dem uns das Quantisieren so in Fleisch und Blut übergegangen ist, daß er zum Prototyp alles Quantitativen geworden ist (wir sprechen von Zeit„räumen", Zeit„strecken", Ton„intervallen" etc.) und bei dem wir mit einer qualitativen Erlebnisart ohne weiters nichts anzufangen wissen. Das hängt wohl mit der Existenz unseres körperlichen Leibes zusammen, der, selber ein Teil der Raumwelt, uns befähigt, willkürlich (durch Bewegungen dieses Leibes) Veränderungen in der umgebenden Raumwelt herbeizuführen, und dank dem es uns im Laufe der Generationen möglich war, den Raum in seiner charakteristischen Eigenart, nämlich, wie wir ihn kennen, als q u a n t i s i e r t e n zu erarbeiten. Denken wir uns ein intelligentes Wesen ohne die Möglichkeit, sich spontan zu bewegen (und auch ohne das Auge, das es befähigt, den Raum zu durchlaufen), z. B. einen intelligenten Baum, so kann man sich ganz gut vorstellen, daß es dieses Wesen nur zu einem qualitativen Raumerlebnis gebracht hat, daß es zwar zu einer der unseren entsprechenden Physik kommen kann (prinzipiell wenigstens), daß ihm aber die geometrische Interpretation auch der Raumwelt unzugänglich ist.

---

[4] Über das Quantitäts-Qualitäts-Problem in Sachen der Raumanschauung vgl. auch die Abhandlung „Philosophie der Mathematik und Naturwissenschaften" von H. Weyl im Handbuch der Philosophie II, S. 93.

Die Schlüsselstellung, die der „musikalische Raum" bei diesen Überlegungen einnimmt, ist deshalb instruktiv, weil er uns hilft, das Schwergewicht auch beim eigentlichen Raum vom Quantisierten wegzuverlegen auf das im Untergrunde schlummernde Qualitative; und weiter deshalb, weil er zeigt, daß es eine Angelegenheit von sekundärer Wichtigkeit ist, ob wir die Raumvorstellung in der quantisierten Ausgabe besitzen, oder in der rein qualitativen (wie etwa der intelligente Baum). Denn daß ein Teil der Menschheit (wir wollen ihn, obwohl nicht einmal das zutrifft, der Kürze halber „die Musikalischen" nennen) eine deutlich quantisierte musikalische Raumvorstellung hat, der andere aber eine nur qualitative, das rückt die ganze Streitfrage in eine wesentlich kühlere Beleuchtung: es handelt sich um zwei einander komplementäre Vorstellungsweisen, und die Sache liegt nicht anders als etwa bei der Theorie der (gemeinen wie höheren) komplexen Zahlen, die man zwar geometrisch interpretieren kann, für die aber diese geometrische Veranschaulichung keine Lebensfrage ist.

In der ersteren Situation befinden in Dingen des musikalischen Raums sich die „Musikalischen", in Dingen des eigentlichen Raums wir mit unserem quantisierten Raumerleben; in der zweiten die „Unmusikalischen" und der „intelligente Baum", oder schließlich wir allesamt in unserer Stellung gegenüber den Gerüchen. Aber damit ist nicht ausgeschlossen, daß wir uns nicht einmal einen quantisierten „Geruchsraum" erarbeiten könnten (als Schema, als Diagramm machen wir derartiges ja öfter), ebenso wie sich der „Unmusikalische" auch zur musikalischen Raumvorstellung durcharbeiten kann, und ebenso wie sich der intelligente Baum wiederum ein Schema, ein komplexes Zahlen- oder Vektor-System erarbeiten könnte in der Art, wie sich unsere Physiker zur Meisterung der quantenmechanischen Probleme ein unendlich-dimensionales Schema konstruieren, das sie in der uns nun einmal geläufigen Ausdrucksweise „Vektorraum", Konfigurations- oder Operations-„Raum" nennen. Und umgekehrt können wir uns jederzeit von der quantisierten Vorstellungsform auf die rein qualitative zurückziehen, und die aus der klingenden Partitur des Qualitätenorchesters ausgesetzten Stimmen wieder zusammenziehen; die Orientierungskarten, mit Hilfe deren der körperliche Leib bei seinen Bewegungen den Qualitätenkomplex des Raums quantisiert hat, wieder als schematische Diagramme aufgefaßt, auf ihre qualitative Bedeutung zurückführen.

Wie wirs damit auch halten wollen: ob wir die Darstellung im Vektorraum (geometrisch quantisiert) oder durch komplexe Zahlen bzw.

hermitesche Einheitsformen (arithmetisch qualitativ) bevorzugen, das ist wirklich nur eine Sache der Ausdrucksweise. In beiden Fällen aber dringen wir zu Eigenschaften vor, die einer tieferen Schicht all dieser Vorstellungsformen entspringen, nämlich ihrer qualitativen Natur, und die auch der eigentliche Raum (in der engeren Bedeutung dieses Wortes) mit anderen Qualitäten (z. B. den Empfindungen) teilt. So auch die heutige Physik: sowohl indem sie als Relativitätsphysik gewissen invarianten Raumstrukturen nachgeht, als auch indem sie als Atomphysik das quantenmechanische Geschehen durch Wellen bzw. durch hermitesche Einheitsformen in höherdimensionalen Operationsräumen zu bewältigen sucht, treibt sie, ohne es zu wissen, reine Qualitätenlehre. Wie aus dem mathematischen Teil dieser Abhandlung hinreichend klar werden wird, ist es letzten Endes die Einheit des Bewußtseins, die sich in diesen Ergebnissen widerspiegelt.

Nicht um die Apriori-Frage in diesem Kapitel auszutragen, stehen diese Bemerkungen hier, und auch nicht um uns mit dem Zirkel herumzuschlagen, inwiefern die drei Freiheitsgrade der Bewegungsmöglichkeit unseres Körpers wieder auf das Urphänomen der Dreidimensionalität des (eigentlichen) Raums hinauslaufen. Sondern lediglich um der Idee einer Raumlehre als Ausschnitt einer allgemeinen Qualitätenlehre das Befremdliche zu nehmen. Mit dem Apriori verträgt sich auch die Annahme einer langwierigen Erarbeitung der Anschauungsformen im Laufe der Generationen nicht so schlecht, wie man dies gewöhnlich annimmt; es muß bloß das Schwergewicht auf andere Momente (nämlich auf die aus der qualitativen Natur entspringenden) verlagert werden. Und was den erwähnten Zirkel anbelangt: Das charakteristisch Raumartige steht in engster Verbindung mit unserem körperlichen Leib: da, wo wir uns in dem Komplex der Qualitäten mit Hilfe von Körperbewegungen orientieren können, bzw. ideale „Verkehrsverhältnisse" vorausgesetzt, orientieren könnten, da nennen wirs eben in engerem Sinne „Raum".

4. NICHT-WIDERSPRUCHSFREIES DENKEN

Mit den metalogischen Operationen liegt es ähnlich wie mit den Konstruktionen der nicht-euklidischen Geometrien. Wie man sich bei diesen nur sehr schwer an den Gedanken gewöhnen konnte, daß ihnen etwas Reales, der „wirkliche" Raum etwa, entsprechen könnte, wie man sich da immer wieder mit Gewalt von dem Vorurteil freimachen muß, es könne nur eine euklidische Welt richtig sein, weil wir nur von einer solchen uns ein anschauliches Modell zu machen imstande sind, so will es uns zunächst garnicht in den Kopf, daß die „Wirklichkeit" metalogisch sein, d. h. Widersprüche in sich enthalten könnte. Bei Lichte betrachtet ist aber die Aussage, die „Welt müsse notwendig, um existieren zu können, widerspruchslos sein", ein ebenso unberechtigtes metaphysisches Dogma wie alle Aussagen, die a priori etwas über die „Wirklichkeit" ausmachen wollen. Man wird sagen, daß eine Aussage, die einen Widerspruch enthält, ein Unsinn sei: gut, möglicherweise ist die Welt sinnlos. In anderen Worten also: irrational. Woher sind wir berechtigt, das vorweg zu nehmen, was erst das Ziel aller philosophischen naturwissenschaftlichen etc. Forschungen sein kann, nämlich daß die „Welt" einen Sinn habe?

Eine unsinnige Welt ist ebenso möglich wie eine nicht-euklidische. Aber davon ist vorerst noch gar nicht die Rede. Es handelt sich zunächst um nicht-widerspruchsfreie A u s s a g e n . Und die existieren zweifellos als Aussagen. Ich kann einen Unsinn reden: mindestens in dem Moment, wo ich ihn ausspreche, genauer noch: denke, existiert er als ein (widerspruchsvoller) Gedankenkomplex. Noch weniger, als man sagen kann, daß eine eventuelle Außenwelt ihm niemals entsprechen könne (das besagte metaphysische Vorurteil), kann man anzweifeln, daß ein solcher widerspruchsvoller Gedankenkomplex als solcher existiere. Aber nun kommt der Einwand: Wo kommen wir da hin? Wenn wir so das letzte Kriterium zwischen richtig und falsch: die Widerspruchslosigkeit, fallen lassen, dann gibt es eben alles, dann geraten wir ins Uferlose und die äußerste Willkür, und wir können alles mit allem machen.

In gewissem Sinne ist das richtig. Im Widerspruchsvollen können wir jede Aussage machen. Aber es ergeben sich gewisse Unterschiede, gewisse Grade des Widerspruchsvollen, deren Beachtung Willkürlichkeiten ausschließt. Läßt sich eine solche Technik finden, die mit diesen Graden arbeitet, so ist offenbar die Befürchtung, daß wir in jenem Uferlosen, in dem Ozean des Widerspruchsvollen untergehen müssen, unbegründet. Von vornherein läßt sich nichts über die Möglichkeit bzw. Unmöglichkeit solcher Versuche aussagen: man muß erst ihre Technik kennen und sehen, was dabei herauskommt. Es ist das also das Nämliche, wie bei der Frage, ob gewissen (widerspruchsfreien wie widerspruchsvollen) Gedankenentwicklungen etwas „Wirkliches" entspricht: erst muß man diese Gedankenentwicklungen vollziehen, und dann muß man das "Wirkliche", das im Gebiet der exakten Naturwissenschaften sich auf zahlenmäßige Ergebnisse experimenteller Messungen reduziert, damit vergleichen, und sehen, ob Übereinstimmung besteht. Können wir zeigen, daß gewissen Operationen der metalogischen Technik, und zwar nicht bloß solchen von willkürlich ferner Ordnung, sondern ganz fundamentalen, solche „Wirklichkeiten" entsprechen, so ist das zugleich der Nachweis, daß im „Wirklichen", d. h. in dem, was von der Außenwelt in unsere physikalischen etc. Messungen eingeht, entsprechende „m e t a l o g i s c h e O r d n u n g e n" bestehen.

Wir konstruieren uns also, in einem frei-schöpferischen Akt, sozusagen ein neues Gehirn, mit Grundsätzen und Denkregeln, wie sie etwas anders konstruierte denkende Wesen haben könnten; dabei halten wir jedoch (der Unterschied gegen den reinen konstruktivistischen Formalismus gewisser Definitionisten) den Kontakt mit unseren herkömmlichen selbstverständlichen Denkregeln (der widerspruchsfreien Logik) dadurch aufrecht, daß sich diese als Spezialfälle (als ein Sonderbereich) einer erweiterten, allgemeineren Logik (der nicht-widerspruchsfreien Metalogik) herausstellen, die durch freie, aber genau festgelegte Variationen so umgebogen werden, bis sich dadurch ein ganz anderes, gleichwohl ebenso exakt arbeitendes Denkinstrument ergibt. Gerade weil wir mit unserer „Umkonstruktion des Gehirns" ins Uferlose vorstoßen, können wir nicht die axiomatisch-definitorische Methode benutzen. In diesen paradoxen Gebieten wären solche Diktate völlig unverständlich und willkürlich, und was hülfe uns die Konstruktion eines funkelnagelneuen, prächtigen Denkinstruments, wenn wir nicht aus dem uns geläufigen den Zugang dazu fänden? Darum haben wir das gegebene Denkinstrument durch Variationen etc. zu erweitern, zu verallgemeinern, wir müssen einführen, nicht diktieren. Um die Zuständigkeit seiner Operationen für Dinge auch der „Außenwelt" einzusehen, bedarf es dann solcher Abhandlungen wie der vorliegenden.

Dabei schließen sich diese Operationen merkwürdigerweise und gänzlich unbeabsichtigt auch dem psychologisch gegebenen Denkvorgang besser an als die Konstruktionen der alten Logik. Deren Begriffe, vor allem der der Einheit, und die Kategorie der Quantität erfahren eine neue Ausdeutung als variable, sich verwandelnde Begriffe und Kategorien. Wir gehen nicht eigentlich von einem starren, feststehenden Begriff zum andern starren, feststehenden Begriff über (den es auch psychologisch ebensowenig gibt, wie in der Physik den starren Körper) sondern eine begriffliche Bewußtseinseinheit verwandelt sich in eine andere. Die Metalogik ist so gewissermaßen d y n a m i s c h e Logik.

Im Vordergrund der metalogischen Denkweise steht der Begriff der „Einheit". Aber die quantitative Aussage über die Einheit erschöpft nicht den gesamten Tatbestand einer Aussage. Auch nicht den einer widerspruchsfreien. Nur ist das dort alles so selbstverständlich, daß genauere Unterscheidungen Pedanterie scheinen. Wenn wir eine Gleichung a=b oder auch eine Ungleichung a $\pm$ c vorlegen, so ist darin enthalten: 1.) Daß Denkdinge a,b bzw. a,c existieren (widerspruchsfrei oder nicht-widerspruchsfrei: in beiden Fällen „existieren" sie als Denkdinge) 2.) Daß diese Denkdinge in Beziehung zu einander stehen. 3.) Daß sie einander gleich bzw. ungleich sind. Die Aussage 1.) fällt unter die Kategorie Qualität (Existenz bzw. Nichtexistenz), 2.) unter die Kategorie Relation, 3.) unter die Kategorie Quantität. Das tritt noch klarer hervor, wenn man die algebraische Umformung vornimmt: $\frac{a}{b} = 1$ bzw. $\frac{a}{c} \pm 1$; dann tritt die Relation in der Form des Quotienten auf: a verhält sich zu b bzw. c; die quantitative Aussage hat dann die Form: a : b (a zu b) bzw. a : c ist eine Einheit, bezw. ist keine Einheit.

Im Gültigkeitsbereich der gewöhnlichen (widerspruchsfreien) Mathematik und Logik fallen nun in solchen Fällen die Aussagen über die Qualität und die Quantität im Allgemeinen zusammen: b existiert nur (innerhalb dieses Bereichs), wenn es quantitativ gleich a ist, bzw. c nur, wenn es ungleich a ist. Dieses Zusammenfallen findet seinen Ausdruck in dem quantitativen Satze: Gleiche Operationen, auf Gleiches ausgeübt, ergeben Gleiches. D. h. es existiert (innerhalb des Bereichs) keine Größe $b_1 = a$, die nicht gleich auch b ist.

Es ist aber das Zusammenfallen der qualitativen und der quantitativen Aussagen nicht das einzig Denkmögliche. Schon in der gewöhnlichen Mathematik gibt es die mehrdeutige Operation der Wurzelziehung. Es existieren einander ungleiche Denkdinge $+a$ und $-a$, die beide der Größe $\sqrt{a^2} = A^{\frac{1}{2}}$ gleich sind. Da man weiß, daß bei der Operation, deren Umkehrung die Wurzelziehung ist: bei der Potenzierung, sowohl $+a$ als $-a$ der Gleichung $(+a) \cdot (+a) = a^2 = A$ bzw. $(-a) \cdot (-a) = a^2 = A$ genügen, ist die Mehrdeutigkeit der Wurzelziehung (die ja nur die Ausgangsgrößen wieder herstellt) durchaus legitimiert. Um diese zu gewährleisten, muß aber dann für diesen Fall die Gültigkeit des quantitativen Satzes: Gleiches auf Gleiches ausgeübt, etc. suspendiert werden: die qualitative und die quantitative Aussage fallen nicht mehr zusammen. M. a. W.: man erklärt, die Größe (Wurzel) $A^{\frac{1}{2}}$ ist mehrdeutig.

Behält man jedoch den quantitativen Satz: Gleiches auf Gleiches etc. trotzdem bei, so gerät man aus dem Bereich des Widerspruchsfreien in den des Widerspruchsvollen. Widerspruchsvolle Begriffe, Aussagen etc. aber haben eine andere Existenz als widerspruchsfreie. Wenn solche Fälle dahin gedeutet werden, daß für sie die qualitative und die quantitative Aussage im Widerspruchsvollen zusammen fallen, während sie für den Bereich der gewöhnlichen Mathematik nur im Widerspruchsfreien (und auch da nicht immer) zusammenfallen, so ist das nur eine andere Formulierung der gleichbedeutenden Aussage, daß Existenz und Quantität der betrachteten Denkdinge widerspruchsfrei nicht mehr zusammenfallen. Es liegt hier ähnlich, wie bei einer Aussage, die manchen Nichtmathematikern Denkschwierigkeiten macht: nämlich der, daß sich zwei Parallele (erst) im Unendlichen schneiden. Das ist ebenfalls eine andere Formulierung von: zwei Parallele schneiden sich (im Endlichen) nirgends.

Existenz und Einheit, Qualität und Quantität, fallen also für die metalogischen Dinge ohne Widerspruch nicht mehr zusammen. Der Bereich, in dem dieses stattfindet, der des Widerspruchsfreien, ist offenbar ein Spezialbereich innerhalb des weiteren Bereichs der widerspruchsvollen Aussagen, Begriffe etc. etc., von dem die Metalogik ausgeht. Er ist gleichsam eine Insel des Widerspruchsfreien in dem Ozean des Widerspruchsvollen. Um die Reichweite der Denkmethoden zu erweitern, grenzt die Metalogik in diesem Ozean um die Insel herum an und für sich willkürliche Bereiche ab, indem sie die Festsetzung trifft, daß ein Begriffssystem, Satz etc. nach Verlassen der Insel nur einen einzigen Widerspruch enthalten darf, der gewissermaßen eingekapselt wird, und daß sonst mit diesen Begriffen ein (bis auf diesen einzigen Widerspruch) widerspruchsfreies Gebilde aufgeführt wird. Wird ein zweiter Widerspruch eingeführt, so kommt man wieder außerhalb dieses vorhin zugelassenen Bereichs der widerspruchsvollen Begriffe etc. erster Ordnung, in einen solchen zweiter Ordnung usf. Im Bild also: man dringt von der Insel auf der Flotille der widerspruchsvollen Begriffe erster Ordnung in den Ozean vor, bis zu einer gewissen Seegrenze, steigt dort auf eine zweite Flottille um usw. Mathematisch (und die Methode hat nur da Sinn, wo sie sich mathematisch einkleiden läßt) drückt sich das in den Exponenten der Einheit (den Ordnungszahlen entsprechend) aus.

Freilich ist das Bild von der Insel und der Flottille ein sehr unzureichendes Bild. Näher kommt man der Sache, wenn man sich den widerspruchsvollen Begriff als etwas sich Bewegendes vorstellt (da Denken ein Geschehen ist), das durch die Bereiche hindurchwächst. (Natürlich ist auch dieses Bild sehr unzureichend, da alles, was durch Worte und Wendungen der Sprache — die nun einmal auf die widerspruchsfreie Logik zugeschnitten ist — ausgedrückt werden soll, wohl oder übel in das zu enge Bett des Widerspruchsfreien hereingezerrt wird.)

Die Bewußtseins-Einheit (Kategorie: Quantität), die jeder Begriff darstellt, schwillt so gewissermaßen an und füllt sich mit Inhalten der jeweiligen Bereiche. Diese Inhalte, d. h. das Sein und Anders-Sein (Kategorie: Qualität) sind dabei weder widerspruchsfrei noch widerspruchsvoll: sie existieren außerhalb jeder begrifflichen Ineinsfassung, wenn auch zunächst nur als Denkkomplexe; sie sind einfach d a ! Der wandernde Denkakt, die Bewußtseins-,,Eins" (Quantität) bläht sich sozusagen über diese inhaltlichen Denkdinge auf und gerät dabei durch die verschiedenen metalogischen Bereiche. Die Metalogik beschäftigt sich mit diesen Veränderungen des sich bewegenden Denkaktes, indem sie sein Verhalten beim Verschwinden aus einem Bereich untersucht. Das geschieht durch eine Übertragung des Differentialkalküls (und analog auch des Integralkalküls) auf die (variable) Zahl 1. Dabei kann man die Metamorphosen studieren, die der Denkakt durchmacht, wenn er in einem anderen Bereich wieder auftaucht. Die Metalogik kann also direkt Begriffe etc. verwandeln, und die Verwandlungen dieser Begriffe, dieses Anfüllen der wandernden Eins mit neuen Denkdingen, macht das eigentliche Anwendungsgebiet der Metalogik aus. So entsteht bei Ausführung gewisser infinitesimaler Operationen aus einem Inbegriff, der sich auf Zeit bezieht, ein solcher des Raums, in andern Fällen ein solcher, der sich auf tonale (musikalische) Empfindungen bezieht; und diese abgeleiteten, verwandelten Begriffe haben alle die Merkmale, die in der entsprechenden Geometrie, d. h. der Physik und in der Musik darüber bekannt sind. Man kann also aus der Dimension der Zeit gleichsam die des Raums und auch der Tonalität erzeugen. (Siehe weiter unten.)

Die Auffassung der Bewußtseins-,,Eins" (Quantität) als einer veränderlichen Größe (eines wandernden Denkakts) und ebenso die Anwendung der infinitesimalen Operationen zur Untersuchung eines Bereichsübergangs (eines „Widerspruchsvoll-werdens") haben auch in einem Gebiete der Mathematik Anwendung gefunden, in dem Widersprüche schon lange das Leben sauer gemacht haben, in der Mengenlehre. Wenn diese auch in ihrer endgültigen Form durch geschickte Definitionsstellung, ähnlich wie die Infinitesimalrechnung (vgl. Berkeleys Kritik!), den noch immer im Sinne der alten Logik bestehenden Unklarheiten klug aus dem Wege gegangen ist, so erfahren doch die Sphinxe der „Paradoxien des Unendlichen" erst durch die metalogische Auffassung der Quantität als einer „variabeln Kategorie" ihre letzte Aufhellung. Ihre Ergebnisse decken sich dann mit den von der Mengenlehre gegebenen Rechenregeln für die transfiniten Kardinal- und Ordnungszahlen.

5. DIE DENKWEISE DER METALOGIK

Die Schwierigkeiten, die sich bei der Diskussion der metalogischen Angelegenheiten einer Verständigung entgegensetzen, scheinen weniger ihren Ursprung darin zu haben, daß der eine der Diskussionspartner dem anderen falsches, fehlerhaftes oder inkonsequentes Denken nachweisen könnte, als vielmehr, daß ihr Denken jeweils ein anderes ist, und daß sie darum zunächst aneinander vorbeireden müssen. Weil die Metalogik in gewissen ihrer Ergebnisse (in der Raum-Zeit-Frage) mit der Ideenwelt des Mathematikers und Physikers in engste Berührung kommt, liegt es für die Kritik, die sich aus diesen Kreisen mit der Metalogik auseinanderzusetzen versucht, nahe, die mathematische, bzw. physikalische Denkweise einfach zu übertragen oder vorauszusetzen, und gewisse Definitionen oder doch zumindest Definierbarkeit nach Art der dort üblichen zu fordern.

Die Denkweise der Metalogik ist aber prinzipiell anders geartet; sie bringt es mit sich, daß in ihrem eigentlichsten und eigentümlichsten Reich Definitionen der gewohnten Art keinen Platz haben.

Der springende Punkt ist der, daß die Denkweise des Mathematikers die Begriffe, Anschauungen, Vorstellungen, mit denen sie es zu tun hat, zu o b j e k t i v i e r e n pflegt, daß sie von ihnen als von „Entitäten", „Dingen" (wenn auch nicht solchen der „Außenwelt") spricht, sie als Substanzen im aristotelischen Sinn betrachtet. Dann kann man natürlich einander widersprechende Definitionen nicht brauchen (wenn man von einem Etwas Sich-Widersprechendes aussagen kann, so ist es nicht bestimmbar, nicht d e f i n i e r b a r); mit dieser Betrachtungsweise steht man bereits innerhalb des gewöhnlichen logischen Schemas, der üblichen wissenschaftlichen Denkweise.

Nach der Denkweise der Metalogik, die hier der kantischen Philosophie sehr nahe steht, wird nun auf eine solche Objektivierung von vorneherein verzichtet; der Objektivierungsprozeß, bzw. die Formen, in denen objektiviert wird, sollen vielmehr erst entwickelt werden. Die Schicht, in der sich das, worum es hier geht, abspielt, ist noch unterhalb alles Logischen, sozusagen noch bevor das primäre Erlebnis durch das Prisma der Kategorien, Anschauungsformen etc. in sein Spektrum zerlegt, objektiviert worden ist. Von objektiv und ebenso von subjektiv zu sprechen, ist in dieser Sphäre eigentlich sinnlos und ebenso verbieten sich hier Worte wie Entitäten, Dinge, Substanzen etc., da sie alle aus der Sphäre schon des Logisierten, Objektivierten stammen, und so ein logisches Moment hereintragen. Wenn ich darum von einem psychischen Geschehen, einem psychischen Fluß spreche, so geschieht das, um auszudrücken, daß dieses Unter-Logische, dem auch widerstreitende Merkmale beigelegt werden können und das daher unbestimmbar ist, in einem solchen noch unbestimmbaren Erleben besteht, das selbst für die Reflexion so unfaßbar ist wie etwa das traumhafte Aufdämmern von einem Etwas nach dem Erwachen, von dem man nur weiß, daß es da war, das man aber in keiner Weise unterbringen kann. Erst wenn man dazu kommt, über dies Erleben zu reflektieren (charakteristischerweise hat die Sprache solche Ausdrücke wie Re-flexion- Ob-jektivierung etc.), erst nachdem der Apparat der Kategorien eingeschaltet ist, nachdem man sich also dieses Erlebens logisch bemächtigt, es verarbeitet, werden Dinge, Objekte gesetzt; es kommt zu der Scheidung von Subjektivem und Objektivem, und aus dem unbestimmbaren Psychischen wird die Welt des Gegenständlichen sozusagen hinausprojiziert. Wie das Bewußtsein bei dieser Herausarbeitung des objektiven Weltbildes verfährt, zeigt zum Teil die psychologische bzw. die psychiatrische Erfahrung: was es nicht in das widerspruchsfreie, logische Schema einordnen kann, das ist es bestrebt (sofern es derartiges nicht überhaupt ins Unterbewußte abzudrängen versucht) anderweitig unterzubringen; es spricht dann von Träumen, Halluzinationen, geistigen Störungen; in Fällen, wo es sich gar nicht mehr zurechtfinden kann, schiebt es ein anderes Subjekt unter, es kommt zu Bewußtseinsspaltungen u. ä.

Die Einwände des Mathematikers beziehen sich nun vornehmlich auf die Sphäre des Objektivierten und zwar speziell auf die der „mathematischen Dinge". Diese Objektivierungen sind nun nicht die einzig vorkommenden; die Gestalten (im Sinne der Gestaltpsychologie) sind z. B. auch Objektivierungen, und sie erscheinen nur unter dem Gesichtswinkel, von der Ebene sozusagen des Mathematikers aus gesehen, als subjektive Bearbeitungen von objektiven Gegebenheiten u. ä., also natürlich selbst als nichts Objektives, als nichts Abstraktes. In der vorlogischen Sphäre, für den psychischen Fluß haben nun überhaupt Worte wie objektiv, abstrakt etc. keinen Sinn; wenn man das Prisma hinwegnimmt, kann man nicht mehr von den Spektralfarben sprechen, in die das objektivierende Bewußtsein den psychischen Fluß zerlegt. Für das neutrale, unbestimmbare Weiß kann dann auch Widersprechendes gelten, das erst im Objektivierungsakt mit Hilfe der kategorialen Schemata, mit Hilfe der Anschauungsformen Raum und Zeit, sozusagen auf verschiedene Ebenen hinausprojiziert und so widerspruchsfrei gedeutet wird.

Für die unterschiedlichen Objektivierungsformen, die das Bewußtsein bei dem Logisierungsakt unterscheidet und die sich in der metalogischen Symbolik in den Ordnungen der höheren Einhet ausdrücken, wurde hier anschließend an die kantische Terminologie das Wort Qualität gewählt. Diese Wahl rechtfertigt sich bei der weiteren Entwicklung; bei Gelegenheit des Dimensionsübergangs (siehe den Theoretischen Teil S. 68) zeigt es sich, daß der Übergang von einer höheren Einheit zu einer solchen anderen Grades auch die Inbeziehungsetzung von Größen verschiedener Art, wie von solchen des Raums zu solchen der Zeit, unter sich begreift, die man auch sonsthin als solche verschiedener Qualität (verschiedener Dimension) bezeichnet.* Letzteres setzt allerdings voraus, daß man sich der kantischen Ansicht über Raum und Zeit anschließt, für welche die Raum- und Zeit-Größen extensive Größen sind, d. h. durchlaufen werden. („Ich kann mir keine Linie vorstellen, so klein sie auch sei, ohne sie in Gedanken zu ziehen, d. i. von einem Punkte alle Teile nach und nach zu erzeugen". Kant. Krit. d. r. Vern. Von den Axiomen der Anschauung.) Der Raum als Anschauungsform ist also in diesem Betracht schon eine Raumzeit; die Zeit steckt bereits in diesem „Durchlaufenwerden" drin; davon kann aber der Mathematiker für seine Zwecke absehen, und indem er seinen abstrakten Raum objektiviert, tut er dies auch.

---

* Also sozusagen als „Groß-Qualitäten", wenn man die übrigen, wie z. B. die Gestalten — für die die Gestalttheoretiker bezeichnenderweise den Ausdruck „Gestaltqualitäten" gebrauchen — als „Klein-Qualitäten" bezeichnet.

6. DIE BEGRIFFSVERWANDLUNGEN DER METALOGIK

Begriffsverwandlungen finden in der Metalogik bei jedem Differentiations- bzw. Integrationsprozeß statt. Zu Ende des vorigen Kapitels waren bereits flüchtig einige erwähnt. Es verwandelt sich da bei einer gewissen Operation ein Zeit-Inbegriff in einen solchen der Empfindung (speziell: der musikalischen) bzw. in einen des Raums. Um auf die Frage antworten zu können, wieso hier gerade Empfindung bzw. Raum herauskommt, müssen wir ein wenig auf das Mathematische eingehen, zunächst (aus Darstellungsgründen) in etwas vereinfachter Form. Der theoretische Teil wird die genauere Fassung nachholen.

Bei der genannten Operation geht die veränderliche reelle Einheit d. h. die 1 über in ihren natürlichen Logarithmus. Der natürliche Logarithmus von 1 ist aber bekanntlicherweise $= 2k\pi i$. Hiebei ist 2π der Umfang des Einheitskreises; k kann jede ganze Zahl und 0 sein, $i = \sqrt{-1}$ ist die imaginäre Einheit, die in der komplexen Ebene senkrecht zu der reellen Einheit 1 steht. Die reelle Größe 1 geht also bei diesem Bereichsübergang in eine senkrecht dazu stehende Nicht-Einheit $2k\pi i$ über, oder, vorsichtiger ausgedrückt: im Gebiet der gemeinen komplexen Zahlen (ebenso im Bereich der höheren komplexen Zahlen, wenn das skalare Produkt $(\mathfrak{ab}) = 0$ verschwindet) besteht zwischen den betreffenden Größen eine Beziehung, deren Spiegelbild im Räumlichen das Senkrechtstehen ist, die sich räumlich als Senkrechtstehen manifestiert. Auf die reelle Dimension projiziert, hat die Nicht-Einheit $2k\pi i$ die Ausdehnung 0; das drückt sich auch darin aus, daß k unter anderem den Wert 0 besitzen kann.

Bedeutet nun die reelle Einheit einen Zeit-Inbegriff, so erhebt sich die Frage nach der Natur der Größen $2k\pi i$, die im obengenannten Sinne senkrecht auf der Zeit stehen, und in ihr die Ausdehnung 0 haben. Zeitbedeutung selbst können sie nicht haben, wenigstens nicht in dem naiven Sinne, wie wir die Zeit (als linearen Ablauf) auffassen. In Frage kommen nun außer der Zeit (den sukzessiven Größen) zwei Klassen von Inhalten, die simultan-extensiven und die simultan-intensiven Größen. Beide sind gleichzeitig gegeben, doch besteht ein Unterschied: während die ersteren, zu denen hauptsächlich die des R a u m s gehören, nur in der Zeit durchlaufen werden können, nur in einem Zeitablauf gebildet werden können, sind die letzteren in jedem Zeitmoment, diesen erfüllend, gegeben. Wir wollen darum die simultan-extensiven Vorstellungen „oberhalb der Zeit", die simultan-intensiven „unterhalb der Zeit" nennen.

Offenbar haben, wenn die reelle Einheit die Bedeutung einer Zeit hat, die in Frage stehenden Größen $2k\pi i$ Eigenschaften der zweiten Klasse, solche von Vorstellungen unterhalb der Zeit. Denn sie erfüllen jeden Zeitmoment 0 mit ihrem Inhalt. Was aber einen Zeitmoment, er sei noch so klein, erfüllt, ist Empfindung. Ich zitiere Kants Kritik der reinen Vernunft: Antizipationen der Wahrnehmung nach der Reclam-Ausgabe S. 162, die dem Leser wohl am ehesten zur Hand ist. „In allen Erscheinungen hat die Empfindung und das Reale, was ihr an einem Gegenstand entspricht (realitas phaenomenon), eine intensive Größe, d. h. einen Grad"......, „indem die Apprehension vermittelst der bloßen Empfindung i n e i n e m A u g e n b l i c k e und nicht durch sukzessive Synthesis vieler Empfindungen geschieht, und also nicht von den Teilen zum Ganzen geht.....". (S. 164.)

Die Logarithmen $2k\pi i$ bedeuten also, wenn die reellen Größen Zeitbedeutung haben, Empfindungen; die komplexe Ebene stellt die Zeit-Empfindungs-Fläche dar. Da uns die Zeit so, wie wir sie erleben, mit wechselnden Empfindungen erfüllt gegeben ist, kann man auch sagen, daß sie Flächencharakter hat; und nur, insofern man von der Empfindung abstrahiert, ist sie ein linearer Ablauf.

Unsere Empfindungen sind nun im allgemeinen zu wenig konkret, als daß man mit dieser „Geometrie der Empfindungen" ohne weiteres etwas anfangen könnte. Sie sind uns meist nur als Qualitäten, eben „empfindungsmäßig" gegeben; wir können uns z. B. keine quantitative Vorstellung eines Farbenintervalls oder einer Strecke von Druckempfindungen etwa machen. Immerhin weisen sie manche Eigenschaften auf, die der Zeit-Empfindungsfläche entsprechen. Hiezu gehört das Weber-Fechnersche Gesetz der experimentellen Psychologie, daß die Empfindungen sich verhalten wie die Logarithmen der Reize. Wir kommen noch darauf zurück.

Ein Gebiet jedoch haben wir, in dem die Geometrie der Empfindungen realisiert ist. Es ist das Gebiet der tonalen (musikalischen) Empfindungen. Hier ist die Objektivierung (Quantisierung) soweit vorgeschritten, daß (beim europäischen musikalischen Menschen wenigstens) die Vorstellung der „Musikfläche" einen Niederschlag in dem Notenbild gefunden hat, einem kartesischen Koordinatensystem, in dem die Horizontale die Bedeutung von Zeitgrößen hat, die Vertikale (die Empfindung) die von tonalen Intervallen. Mit diesen Intervallen verfährt der Musiker wie mit Strecken: er kann Intervalle addieren, voneinander subtrahieren, mit anderen Worten: er hat eine durchaus quantitative Vorstellung davon.

Seit Leonhard Euler ist ferner bekannt, daß die Intervalle, also diese Tonempfindungsstrecken, Logarithmen darstellen zu den zugehörigen Schwingungszahlen, wobei dem Intervall der Oktave der Wert log 2 zuzuordnen ist. Weniger beachtet wird, daß dieser Satz einen Spezialfall des Weber-Fechnerschen Gesetzes bildet, wobei die Schwingungszahlen die Stelle der Reize einnehmen. Doch geht die Bedeutung weit über die eines experimentellen Gesetzes hinaus; wir können dasselbe Resultat rein a priori, durch Überlegungen im Gebiet der Theorie der reellen bzw. komplexen Funktionen einer Veränderlichen erhalten, ohne daß dabei auf mechanische Akustik (Schwingungszahlen) oder Physiologie und Psychologie (Reize) eingegangen werden muß. Von wenigen musikalischen Grundvorstellungen (der Addierbarkeit der Intervalle und ihrer Oktavenwiederkehr) ausgehend, kann gezeigt werden, daß, im Gebiet zunächst der reellen Zahlen, den Intervallen nur die Logarithmen der natürlichen und gebrochenen Zahlen entsprechen können, wobei man dem Oktavintervall den Wert log 2 zuordnen muß. Die Potenz-Entwicklung der Funktion Logarithmen weist für diese exakt dieselben Wiederkehr-Beziehungen auf, wie sie die Intervalle bei der Oktavwiederkehr besitzen. Die musikalischen Intervalle wie die Logarithmen sind nicht gleichmäßig dicht in ihren Kontinuis verteilt (etwa wie Dezimalbrüche), sondern sie weisen so etwas auf, was man der Maserung eines Stückes Holz vergleichen könnte; und an der Übereinstimmung dieser Maserung erkennt man die Zuordnung von Intervallen und Logarithmen. Beim Übergang von den Logarithmen reeller Größen zu solchen von komplexen ergibt sich eine Zuordnung der Intervalle zu den Kreisbogen-Funktionen (bzw. zu hyperbolischen Area-Funktionen), wobei der Oktave das Kreisviertel $\left(\frac{\pi}{2}i\right)$ entspricht. Auch hier liegt eine ähnliche Maserung vor, die außerdem dadurch, daß sie durch den Kreisbogen ausgedrückt wird, die Beziehung zur Periodizität klar hervortreten läßt. Die musikalischen Empfindungen haben a priori eine der Periodizität korrespondierende Eigenschaft (die „Maserung"), die eng mit den entsprechenden Eigenschaften des Kreisbogens zusammenhängt; beides sind Widerspiegelungen ein und desselben Funktionsverlaufs im Gebiete der komplexen Größen.

Indem nun die metalogische Theorie auf die Logarithmen bzw. (Kreisbogen) Funktionen $2k\pi i$ (allgemeiner φi) führt, ist der Anschluß an eine „Geometrie der Empfindungen", wie sie die Musiktheorie schon längst ausgebaut hat, vollkommen. Bei Umrechnung auf reelle

Größen ergeben sich Tonzahlen, die völlig den Schwingungszahlen der akustischen Theorie entsprechen. Alle diese scheinbar physikalisch bzw. psychologisch gegebenen Dinge: Tonzahlen, logarithmische Struktur der Intervalle, Senkrechtstehen von Zeit und Empfindung, Oktavenwiederkehr, sind rein formal-mathematische Eigentümlichkeiten der Zeit-Empfindungsfläche, sind Eigenschaften der Empfindung als (ebenfalls) reiner Anschauungsform a priori. Dasselbe gilt für eine weitere Eigenschaft der musikalischen Empfindungen: ihre S c h w e r e (sich manifestierend in Vorstellungen: wie h o h e und t i e f e Töne, G r u n d ton einer Harmonie etc.); hier liegt derselbe „Tatbestand" zugrunde, der auch der Gravitation im Räumlichen (einer a priorischen Eigenschaft der reinen Anschauungsform) zugrunde liegt. Damit kommen wir zu den Inhalten der zweiten Klasse, den Anschauungsformen „oberhalb der Zeit".

Die Raumgrößen brauchen zu ihrer Durchlaufung Zeit, und zwar wenn wir sie Element für Element durchlaufen wollten, unendliche Zeit. Daher können wir zu ihrer Ableitung nicht von der Zeit ausgehen. Aber wir können den Prozeß umkehren. Wir gehen von einem dreidimensionalen (allgemeiner: n-dimensionalen) Raum aus, den wir in der Zeit nach einer Dimension, wie einen Abreißblock etwa, durchlaufen. Dann liegen senkrecht zur Durchlaufungsrichtung die Flächen, die Blätter dieses Blocks. Durchlaufen wir, wieder in der Zeit, nach einer anderen Richtung (also senkrecht zur ersten) die Blätter, so kommen wir zu den Linien, im obigen Bilde: den Papierfasern. Durchlaufen wir auch die Fasern (die Linien), so kommen wir zu den Punkten. Geschieht diese Durchlaufung Punkt für Punkt, wie wir sie, streng genommen, vornehmen müßten, obwohl das ein unausführbarer Prozeß ist, so bleibt für jeden Punkt eine Zeit. Die Zeit steht also zu dieser letzten Durchlaufungsdimension in derselben Beziehung, wie die anderen Durchlaufungsrichtungen untereinander: sie hat die (räumliche) Projektion 0 (die Ausdehnung 0 des Punktes), steht somit senkrecht zu jener. Ebenso steht sie zu allen anderen Durchlaufungsrichtungen senkrecht. Was also einen Raumpunkt von der Ausdehnung 0 erfüllt, ist Zeit, wie das, was einen Zeitmoment 0 erfüllt, Empfindung ist. Zwischen je zwei Durchlaufungsrichtungen (Dimensionen) besteht immer, wie oben, die Logarithmus-Beziehung.

In der so entwickelten vier- (bzw. n + 1-) dimensionalen a priorischen Anschauungsform, der Raum-Zeit, steht also auch die Zeit in ebenderselben Beziehung zu der letzten Durchlaufungsdimension, wir wollen sie die Z-Achse nennen, wie die Empfindungsdimension vorhin zur Zeit. Wir können diese Raum-Zeit in Übereinstimmung mit dem Vorgehen der relativistischen Physiker seit Minkowski, auf eine geometrische Fläche abbilden, mit derselben inneren Berechtigung, mit der man etwa die xy-Ebene eines euklidischen Raums auf die xz-Ebene abbildet, oder wie die Musiker schon seit langem im Notenbild die Zeit-Empfindungsfläche durch eine kartesische Ebene darstellen.

Bei dieser Abbildung wird sofort die Frage aktuell, in welchen Größenverhältnissen wir auf einer solchen Raum-Zeit-Karte die beiden Dimensionen einzuzeichnen haben, bzw. was für Eigenschaften dabei die „Raum-Zeit" aufweist. Da die Zeit in Form eines Logarithmus ($2k\pi i$ bzw. φi) der Z-Dimension auftritt, tritt diese (d. h. der eindimensionale Z-Raum) als abhängig von der Zeit, somit als d y n a m i s c h e r Raum auf, dessen momentane Fixierungen den statischen Z-Raum (und ebenso auch die statische Zeit, siehe oben) ergeben. Aber auch für die statischen Formen gilt die Logarithmus-Beziehung: Raum und Zeit stehen also bereits als reine Anschauungsformen in einer wesentlich spezielleren konkreteren Beziehung zu einander, als der, die durch ihre geometrische Abbildung auf eine Ebene ausgedrückt wird. Daß diese Raum-Zeit als reine Anschauungsform a priori noch darüber hinaus Beziehungen entspricht, welche die allgemeine Relativitätstheorie unter Einbeziehung der Gravitation für gewisse Schwerefelder festsetzt, das zu zeigen, muß dem theoretischen Teil dieser Arbeit überlassen bleiben. Der sich durch die Methode der metalogischen Begriffsverwandlungen zunächst als einfachster Fall ergebende e i n dimensionale Raum weist solche Beziehungen auf, wie sie ein physikalischer (eindimensionaler) Raum zwischen den Raum- und Zeit-Bestandteilen aufweist, wenn in ihm ein Potential des freien Falles herrscht, und wie sie der reale Raum (näherungsweise) an der Oberfläche der Erde verwirklicht.

Auch was als Verallgemeinerung anstelle dieses einfachsten Raums, des sog. Fall-Raums tritt: der Kepler-Raum, das kugel-symmetrische Schwerefeld etc., kann erst im theoretischen Teil auseinandergesetzt werden. Wir wollen uns hier vorerst mit den allgemeinsten Eigenschaften dieser Räume, bzw. dieser Raum-Zeit-Kontinua beschäftigen und mit den Parallelen, die sie zu dem Zeit-Empfindungs-Kontinuum aufweisen.

7. DER STRAHLUNGS- UND GRAVITATIONSÄTHER

Es liegt auf der Hand, daß in dem Maße, als in den metalogisch erzeugten Anschauungsformen, soweit sie sich auf Räume beziehen, die Schwerkraft eine Rolle spielt, diese als „mit physikalischen Qualitäten ausgestattet" auftreten. Wir wollen darum dem Brauch der modernen Physiker folgen, und diese Kontinua „Äther" nennen. Obwohl der Begriff Äther historisch von reichlich materiellen Vorstellungen ausgegangen ist, hat er schon in der elektromagnetischen Lichttheorie und noch mehr in den Anschauungen der relativistischen Physiker die Eigenschaften eines materiellen Mediums abgestreift. „In der Tat spielt dieser „Äther" die gleiche Rolle wie der Äther der alten Lichttheorie und der „absolute Raum" der Newtonschen Mechanik; nur darf man nicht vergessen, daß er freilich ganz etwas anderes ist als ein substantieller Träger", schreibt Weyl, Raum-Zeit-Materie, S. 183. Leerer Raum und Äther sind für die relativistische Physik, so paradox das klingt, Synonima (vgl. auch G. Mies Einleitung zum neuen Müller-Pouillet), wenn man sich dabei vor Augen hält, daß dieser leere (dynamische) Raum ganz bestimmte geometrische und analytische Eigentümlichkeiten besitzt. Diese Eigentümlichkeiten für die reinen Anschauungsformen a priori nachzuweisen, ist aber mit die Hauptaufgabe dieser Arbeit.

Nach den Ansichten Riemanns, die Weyl im Sinne der Einsteinschen Physik interpretiert, ist die Struktur des leeren Raums (eben dieses „Äthers") von Ort zu Ort bestimmt durch das in ihm gegebene Reale; der Grund seiner Maßverhältnisse muß nicht in ihm selbst, sondern in auf ihn wirksamen bindenden Kräften (hauptsächlich der Gravitation) gesucht werden. Das Reale zieht nicht in den fix und fertigen Raum ein wie in eine Mietskaserne, sondern es gestaltet diese, an sich völlig formlose, dreidimensionale Mannigfaltigkeit; in der Umgebung des Realen verbiegt, krümmt, zerdehnt sich, schrumpft sozusagen der leere Raum. Man kann die Sache aber auch andersherum betrachten, nämlich daß die Struktur des leeren Raums von Ort zu Ort (und auch von Zeit zu Zeit) wechselnd gegeben ist. Der materielle Gehalt und die bindenden Kräfte sind dann nicht als Ursache, sondern als Ausdruck, als Erscheinungsweise dieser Struktureigentümlichkeiten anzusprechen.

Mit dieser Umbenennung ist vorläufig nichts gewonnen. Man hat gewissermaßen das rätselhafte X nur aus der Schublade Physik in die Schublade Geometrie getan; warum der leere Raum, der Äther solche

Struktureigentümlichkeiten hat, ist offenbar ebensowenig erklärt, wie das Faktum, daß es in der physikalischen Welt „bindende Kräfte" gibt. Im Gegenteil, diese Geometrisierung hat etwas Bedenkliches: nämlich weil sie mit dem Verzicht auf die, uns selbstverständlich erscheinende, Gleichförmigkeit (Homogenität) des leeren Raums als reiner Anschauungsform erkauft werden muß. Damit können wir uns nur aussöhnen, wenn wir von der Seite der reinen Anschauungsformen aus zu genau denselben Struktureigentümlichkeiten vorstoßen. Mit andern Worten: wir haben zu zeigen, daß die reinen Anschauungsformen a priori bereits die physikalischen Eigenschaften des Äthers, zunächst des Gravitations- und weiterhin auch des elektromagnetischen Strahlungsäthers besitzen. Und hiermit sind wir beim Thema. Die reine Anschauungsform a priori ist weder eine homogene, euklidische, noch auch eine formlose Mannigfaltigkeit, die erst durch das Reale gestaltet wird, sondern sie ist selbst nichts anderes als der Äther, und dieser Äther hat eben diese gewissen Struktureigentümlichkeiten.

Was von diesem Äther in unsere physikalischen Messungen eingeht, sind die geometrischen und analytischen Struktureigentümlichkeiten der reinen Anschauungsform, die, — wir werden es gleich sehen —, von denen des euklidischen, homogenen Raums abweichen. Als dynamische Form manifestiert sich der Äther in Kräften: wir erleben diese von Ort zu Ort, von Zeit zu Zeit wechselnde Struktur des Äthers in der Erscheinungsweise einer „Kraft". Selbst das, was wir allgemein als Materie bezeichnen, ist nichts anderes als eine Erscheinungsweise der geometrischen und analytischen Struktur des Äthers, insofern das Elektron, das man sich früher wohl als einen substantiellen Fremdkörper im substanzlosen elektromagnetischen Felde (im Äther) vorstellte, nunmehr als ein gegen das Feld keineswegs scharf begrenzter kleiner Bezirk erscheint, (als „Energieknoten"), in welchem die Feldgrößen und die elektrische Dichte enorm hohe Werte annehmen, und der sich durch den l e e r e n R a u m nicht anders fortpflanzt, als eine Wasserwelle über eine Seefläche fortschreitet. Vgl. Weyl S. 162. An dieser rein geometrischen Auffassung wird nichts geändert, wenn wir die Materiestellen als singuläre Stellen ansprechen, so daß sich das Bild eines Raums ergibt, „aus dem einzelne Punkte herausgestochen sind" (ebda 4. Auflage).

Im Grunde bleiben wir mit solchen Ansichten, so paradox sie klingen, viel näher bei der unmittelbaren Anschauung als nach der üblichen Lehrmeinung über Raum, Kraft und Materie. Was wir unmittelbar erleben, ist eine Reihe räumlicher und zeitlicher Erscheinungen.

Wenn der naive Menschenverstand sagt: daß das Körper und Kräfte innerhalb eines immensen homogenen Behälters, des leeren Raums, seien, so ist das eine Abstraktion, eine Theorie, die uns, wahrscheinlich durch die Erfahrung des unseren Leib umgebenden durchsichtigen Luftraums, den wir durchschreiten müssen, um zu den „festen Körpern" zu gelangen, so eingewurzelt ist, daß man nur schwer davon loskommen kann. Dieser Theorie der Körper und Kräfte zuliebe muß man dann die Hypothese eines neutralen, homogenen Behälters, des (zumeist euklidischen) Raums machen. Erst bei Untersuchungen, die diesen Sphinxen und Schimären: Materie, Kraft, leerer homogener Raum auf den Lebensnerv gingen, als man das Atom, den Äther unter das Seziermesser bekam, zeigt es sich, daß man mit ihnen nicht auskommt, daß vielmehr „die Leere" selbst eine von Ort zu Ort, von Zeit zu Zeit wechselnde, sich krümmende, dehnende, schrumpfende geometrisch-analytische Struktur hat. Damit aber ist die Hypothese von Körpern und Kräften, von Äther und Atom überflüssig, bzw. sind diese, wie alle Mythologien, nichts als vermenschlichende Benennungen für gewisse Struktureigentümlichkeiten des großen geheimnisvollen, unkörperlichen und unbe„greif"baren Äthers, der L e e r e und der F ü l l e zugleich, wenn man will der „göttlichen Geometrie" Platos und der Pythagoräer.

8. DIE METALOGISCHE RAUM-ZEIT

Auf genau dieselben Struktureigentümlichkeiten führt die metalogische Ableitung der reinen Anschauungsformen. Im wesentlichen sind sie gegeben oder doch aufzubauen aus der Logarithmus-Beziehung, die sich oben bei den metalogischen Begriffsverwandlungen (Dimensionsübergängen) ergab, bzw. aus deren mathematischer Umkehrung und unmittelbar daraus ableitbaren Beziehungen. Das heißt, daß die verschiedenen Raumdimensionen, ebenso wie die der Zeit, im allgemeinen metrisch nicht gleichwertig, und auch sonst nicht homogen sind. Wollen wir die Raum-Zeit als reine Anschauungsform graphisch auf ein homogenes Kontinuum (den komplexen Zahlenraum) abbilden, also sozusagen Karten von ihr zeichnen, so müssen wir jede Dimension, und, wenn es sich noch um besondere Raumstrukturen, sogenannte „materielle" Strukturen handelt, auch jedes Raumgebiet für sich, in einem anderen, nach bestimmten Gesetzen deformierenden Größen-Maßstab eintragen, und die Beziehungen dieser Größenmaßstäbe sind im wesentlichen durch die Logarithmus-Beziehungen gegeben. Es ergibt sich daraus, daß die Geometrie, die für die reinen Anschauungsformen gilt, im allgemeinen nicht euklidisch ist. Wenn sie, wie in dem genannten Kartenentwurf, mit Hilfe deformierender Maßstäbe interpretiert wird, so ergibt sich ein sogenanntes euklidisches Modell einer nicht euklidischen Geometrie. Das ist aber, wie gesagt, nur ein Modell; ebensogut kann man den formalen Sachverhalt mit Hilfe von „Raumkrümmungen" (auf die wir hier nicht einzugehen brauchen) interpretieren. Wie die Geometrie der Raum-Zeit in „Wirklichkeit" ist, ob die von „gekrümmten Mannigfaltigkeiten" oder die von „Schrumpf- und Bläh-Maßstäben": das ist eine rein metaphysische Spekulation, die hier keinen Sinn hat.

Insofern die reine Anschauung es (in dieser Darstellungsweise) mit deformierenden Maßstäben zu tun hat, beurteilt sie in Gebieten, wo keine allzu großen Strukturverschiedenheiten vorliegen, Raum und Zeit als euklidisch und als metrisch homogen. Andernfalls spricht sie von materiellen Strukturen, die sie sich in einen, konstruktiv angenommenen, euklidischen und homogenen Hilfsraum eingebettet denkt. Mit ihrem „Eigenmaßstab", und einer entsprechend normierten „Eigenzeit" gemessen, erscheint der reinen Anschauung, da sie von deren metrischen Verhalten unmittelbar nichts weiß, jede Raumstruktur als homogen und euklidisch. So hält sie auch die Raumstruktur, die man gewöhnlich als den leeren Raum oder Äther bezeichnet, für euklidisch; und sein metrisches Verhalten kann nur erschlossen werden, sei es empirisch aus Messungen an Gestirndreiecken oder aus gewissen Eigentümlichkeiten von Lichtstrahlen und Bewegungen von Himmelskörpern, sei es a priori durch Deduktionen aus dem Invarianzprinzip (Relativitätstheorie) oder aus der metalogischen Ableitung der Anschauungsformen.

Dazu kommt, daß die Abweichung der letztgenannten Raumformen von denen eines homogenen wie in der Relativitätstheorie äußerst geringfügig sind. Die Umkehrung der Logarithmus-Beziehung, die hier maßgebend ist, nämlich der Ausdruck $e^{k\Phi}$, weicht im allgemeinen sehr wenig von 1 ab, da k (siehe den theoretischen Teil) eine sehr kleine Konstante ist, so daß bei der Entwicklung von $e^{k\Phi}$ in Potenzen, $= 1 + k\Phi + \frac{k^2}{2!}\Phi^2 + \frac{k^3}{3!}\Phi^3 + \ldots$ in inf. in allererster Näherung für ein nicht allzu großes Φ alle Glieder gegenüber 1 vernachlässigt werden können. In dieser allerersten (mit Rücksicht auf eine spätere Bezeichnung: nullten) Näherung haben wir es also mit einer Raum-Zeit zu tun, in der alle Dimensionen als gleichwertig zu behandeln sind.

Die Abweichungen von dem Verhalten in einem solchen homogenen Raum-Zeit-Kontinuum, die sich wegen der genannten Vernachlässigungen bei diffizileren Untersuchungen über Lichtstrahlen und Bewegungen natürlich herausstellen müssen, schreibt die naive und auch die nicht-relativistische Deutung der Umweltbeziehungen der Einwirkung von Kräften und der Existenz von Materie zu. Das ist, so wenig einem das zunächst in den Kopf will, eine reine abstrakte Hypothese, und zwar eine ganz naive Hypothese; und B. Russell bewertet darum den Kraftbegriff, und, mit gewissen Abänderungen, auch den der Materie, als eine bequeme Abkürzung für ein komplizierteres Verhalten. Dem primitiven Erleben ist zwar, aus dem eigenen Muskelgefühl etwa, die Kraft z. B. etwas äußerst Reales und unmittelbar Gegebenes; für den Physiker und den Metalogiker ist sie das aber nicht, sondern nichts als eine große Unbekannte, die nur in Form von ihr zugeschriebenen Wirkungen, Beschleunigungen z. B. in der Rechnung auftritt. Indem nun die Ableitung der reinen Anschauungsformen selber auf die erwähnten Abweichungen führt, kommen wir, wenigstens in den Fällen, die hier in Rede stehen, ohne die naive Mythologie aus, die den Raum mit Materie bevölkert und zum Tummelplatz von Kräften macht. Das ist freilich nichts anderes, als was die Relativitätstheoretiker schon seit längerer Zeit vertreten; es erfährt nur insofern eine Bestätigung, als der Raum auch als reine Anschauungsform adäquate Strukturen besitzt.[5]

9. DAS RAUM-ZEIT-FELD DER ERSTEN STUFE

Die Dynamik, die wegen der genannten Abweichungen gemeinhin in das Raum-Zeit-Gefüge hineininterpretiert wird (— übrigens nicht nur deswegen allein, da ja in der Metalogik der Raum aus der dyna-

---

[5] Noch formaler wird die Kraft beschrieben bei manchen Systematikern der neuen Physik: durch den zum Verschiebungsvektor antigredienten Vektor im dualen Raum (vgl. den theoretischen Teil, S. 79). Hiezu kmmt von metalogischer Seite ein begrifflicher Inhalt durch eine genauere Untersuchung des Begriffs: Zeit. Nach den Ausführungen von S. 34 hat die Zeit (als Zeit-Fläche aufgefaßt) sowohl eine Empfindungskomponente, als auch steht sie überhaupt zur Empfindungsdimension in derselben Beziehung wie der (eindimensionale) Raum zur Dimension Zeit. Wie nämlich letzterer auf Zeit führt, in dem bei einer punktweisen Durchlaufung einer räumlichen Strecke, wenn die räumliche Ausdehnung verschwindet, Zeit übrig bleibt, so bleibt, wenn man analog für die Zeit von der zeitlichen Ausdehnung abstrahiert, d. h. sie null setzt, das übrig, was jeden Zeitmoment erfüllt, nämlich

mischen Zeit abgeleitet, selbst als dynamischer auftritt —), verleiht diesem Eigenschaften, die weit über die eines solchen reinen Abstraktums, wie es eine reine Anschauungsform zu sein scheint, hinausgehen. Wie man aus dem theoretischen Teil sehen wird, handelt es sich um Eigenschaften, die sonst durch Gravitationsfelder, elektromagnetische Felder und schließlich auch Materiewellen-Felder beschrieben werden. Insofern sie jedoch bereits in den Anschauungsformen Raum und Zeit darinnen stecken, wollen wir hier von Raum-Zeit-Feldern reden.

Das reale Gepräge, das so die Raum-Zeit-Felder bekommen, äußert sich auch in anderen Eigenschaften, die noch mehr zufälligen und empirischen Nebenumständen zu entstammen scheinen.

Die Zeit steht zum (zunächst eindimensionalen) Raum wieder in der Logarithmusbeziehung, wie die Empfindung zur Zeit. Es muß sich also eine entsprechende mit Periodizität zusammenhängende „Maserungsstruktur" prinzipiell auch für die Zeit nachweisen lassen. In der Empirie ist nun die Zeit aufs engste mit Periodizität verknüpft; wir messen sie letzten Endes durch einen periodischen Vorgang, d. h. durch eine Uhr. Die überragenden Uhren, nach denen die übrigen im allgemeinen gestellt werden, sind in den astronomischen Vorgängen gegeben; in der täglichen Umdrehung der Erde, und in ihrem jährlichen Umlauf um die Sonne. Das letztere Beispiel gibt den Fingerzeig, wo metalogisch die Raum-Zeit-Zusammenhänge zu suchen sind, nämlich auf dem Umwege über die Gravitation.

Hat demnach die Zeit, sofern sie durch Räumliches, d. i. Uhren gemessen wird (also gleichsam vom Raum aus gesehen), gewisse, mit Periodizität zusammenhängende Eigenschaften, so kommen diese

Empfindung. Das kann man auch anders ausdrücken: nämlich daß, wenn bei einer (veränderlichen) Zeit aller Zeitbegriff weggenommen wird, als Restbegriff r e i n e V e r ä n d e r u n g a l s s o l c h e, ohne räumliches und zeitliches Substrat übrig bleibt. Wenn ich recht unterrichtet bin, entspricht dieser Begriff dem, was die Scholastiker den ‚actus purus' genannt haben, d. i. reine, von aller Außenwelt-Beziehung losgelöste, darum (in unserem kantischen Sinne) empfindungsmäßig gegebene ‚Kraft'. Empfindung und Kraft gehören sonach eng zusammen, insofern uns Kraft erlebnismäßig nur als Empfindung gegeben ist. In die Physik geht von ihr unmittelbar nichts ein; womit wir es dort zu tun haben, sind ihre raum-zeitlichen Auswirkungen: der durch die Beschleunigung, also letzten Endes eine Form der Verschiebung, oder durch die Arbeit, wieder eine Form der Verschiebung, bestimmte antigrediente Kraft-Vetkor.

Im einfachsten Fall (eindimensionaler Fall-Raum) tritt die Beschleunigung als Konjugierte zur Verschiebung auf (S. 80): nach Weyl (Gruppentheorie und Quantenmechanik, S. 16) kann aber der konjugierte Vektor als Vektor im dualen Raum angesprochen werden. Liest man dann die Zeit in ihrer Bedeutung als Empfindungs- bzw. Kraft-Inbegriff, so bezieht sich nach den Ausführungen des theoretischen Teils (S. 80) die Konjugierte auf die empfindungsmäßig gegebene ‚Kraft an sich', als dualen Vektor.

auch dem aus ihr durch Ableitung gebildeten (in erster Stufe eindimensionalen) Raum zu. Es ist für die Darstellungszwecke dieses, auf möglichste Anschaulichkeit bedachten, sich an einen mehr philosophischen als mathematischen Leser wendenden Teils vorteilhafter, statt der Logarithmusbeziehung eine ihr gleichwertige „transformierte" Form zu betrachten. In dieser Form, die aus der vorigen durch Umformungen hervorgeht, die im theoretischen Teil II A 2 nachzusehen sind, steht die Zeit-Komponente des Raum-Zeit-Feldes zu der räumlichen in der Beziehung sin : cos; beide sind periodisch.

Dieses Raum-Zeit-Feld läßt sich identifizieren mit einer Vorstufe zu den metrischen Feldern der allgemeinen Relativitätstheorie. Für ein Koordinatensystem nämlich, das mit einem, in bezug auf ein anderes den Gesetzen des f r e i e n F a l l s unterworfenen Körper fest verbunden ist, kommt H. A. Lorentz in sonst weniger bekannten Ausführungen (siehe den theoretischen Teil II A 1 und 2) aus dem Prinzip der Äquivalenz von schwerer und träger Masse zu entsprechenden Raum-Zeit-Beziehungen. Wir wollen dieses Raum-Zeit-Feld darum als „Fall-Feld" bezeichnen, als Vorstufe sozusagen zu den Gravitationsfeldern, die uns später beschäftigen werden.

Das Fall-Feld ist in der physikalischen Umwelt nirgends streng realisiert, ebenso wie auch der freie Fall der theoretischen Mechanik (mit dem Potential des freien Falls) in der Realität nirgends streng vorkommt. In der Nähe der Erdoberfläche aber haben wir annäherndweise ein anschauliches Beispiel eines solchen Fall-Feldes. Für sehr kleine Bezirke (gegenüber der überragenden Größe der Erdkugel) können wir die Linien freien Falles als parallele Gerade ansehen, deren Richtung wir als die der Z-Achse bezeichnen wollen. Obwohl der Raum natürlich als dreidimensionaler gegeben ist, können wir dann offenbar von der X- und Y-Dimension absehen. Die kräftefreien Bewegungen von Körpern in diesem Schwerefeld (d. h. die Fallbewegungen) werden freilich an der Erdoberfläche abgebremst; in der Natur hat man es daher nur mit einem Ausschnitt dieses (angenäherten) Fall-Raums zu tun. Für unsere Zwecke können wir aber auch davon absehen; die Bewegungen im Fall-Feld, oder relativ dazu, die inversen Bewegungen des ganzen Z-Raums, durchstoßen vielmehr in wachsender Beschleunigung das Gravitationszentrum und kehren sich dann um. Man kann übrigens die Fall-Bewegung anschaulich darstellen als die Ausartung einer Bewegung auf einer Planeten-Ellipse, wie sie im nächsten Kapitel besprochen werden wird. Nimmt man diese Ellipse immer langgestreckter, so geht sie schließlich in eine gerade Linie über, bei der die Brennpunkte, und damit auch das Anziehungszentrum, das sich ja immer in dem einen der beiden Brennpunkte befindet, in die Endpunkte fallen.

Die Bewegung des Fall-Raums, d. h. des mit dem fallenden Punkt fest verbundenen Koordinatensystems (man denkt etwa an einen ungeheueren Lift), entspricht einer harmonischen (cos-)Schwingung. Es läßt sich also der Fall-Raum als ein schwingender Raum ansehen. Im anschaulichen Beispiel kommt allerdings nur ein Ausschnitt dieser Raumschwingung in Betracht; an der Erdoberfläche wird die Bewegung abgebremst.

Analog hiezu vollführt der Zeit-Bestandteil dieser (transformierten) Raum-Zeit ebenfalls harmonische (sin-)Schwingungen. Die Zeit der Metalogik hat wie die der Erfahrungswelt periodische Eigenschaften, die in der Struktur des Fall-Feldes bedingt sind.

10. DAS RAUM-ZEIT-FELD DER ZWEITEN STUFE

Wenn man die metalogische Operation des Dimensionsübergangs, mit anderen Worten: den metalogischen Operator, der oben von der Zeit auf den (eindimensionalen) Raum geführt hat, eine Stufe weiter auf diesen letzteren ausübt, so gelangt man zu einem zweidimensionalen Raum, genauer: zu einer je zweidimensionalen Raum-Zeit. Was sind die metrischen Eigenschaften dieses Raum-Zeit-Feldes zweiter Stufe?

Wir müssen uns begnügen, sie hier, in diesem allgemeinen Teil, etwas stilisiert darzustellen, unter Verzicht auf feinere und genauere Unterscheidungen.

Man kann sich die Sachlage am besten anschaulich klarmachen, daß (in erster Näherung, die neben der 1 auch die ersten Potenzen berücksichtigt) zwischen den beiden Raumdimensionen wieder das Verhältnis sin : cos (bzw. Sin : Cos) besteht. Dabei tritt im allgemeinen der Fall ein, daß sin und cos in verschiedenem Maßstab gezeichnet auftreten. Die Zusammensetzung aber solcher sin- und cos-Schwingungen ergibt, wie man sich leicht klarmachen kann, eine Ellipsen-Schwingung, bzw. wenn man wieder zu der hyperbolischen Schreibweise übergeht, eine allgemeine (ungleichseitige) Hyperbel-Schwingung. Das Raum-Zeit-Feld der zweiten Stufe hat (in erster Näherung) solche metrische Eigenschaften, daß ein sich selbst überlassener Punkt, samt dem mit ihm fest verbundenen Koordinatensystem, Kegelschnittbewegungen (Ellipsen, Hyperbeln und Parabeln als Grenzfall) vollführt; und zwar solche (das ist der Unterschied von dem Raum-Zeit-Feld der vorigen Stufe, für das in einer verallgemeinerten Form auch Kegelschnittbewegungen auftreten können), wie sie unter der Einwirkung eines Newtonschen Kraftgesetzes oder, anders ausgedrückt, eines Newtonschen Potentials erfolgen. Man könnte darum dieses Raum-Zeit-Feld zweckmäßig als ein (statisches) Kepler- oder Newton-Feld bezeichnen, da in ihm die Gesetze der Kepler-Newtonschen Himmelsmechanik gelten. Doch sind deren Kräfte (und Analoges gilt auch für andere Kraftgesetze, die für verwandte metalogische Raumformen auftreten) wie in der Relativitätsphysik nur scheinbare; sie sind lediglich als ein anthropomorphistischer abgekürzter Ausdruck für das metrische Verhalten des betreffenden Raum-Zeit-Feldes aufzufassen.

Das Raum-Zeit-Feld ist, als reine Anschauungsform a priori, immerhin so sehr „nicht-euklidisch" als die Ellipsen- und Hyperbelbewegungen von geradlinig-gleichförmigen sich unterscheiden. Dabei sind zunächst die Abweichungen, die beide Komponenten des Raum-Zeit-Feldes für sich, d. h. der Raum-Bestandteil und der Zeit-Bestandteil für sich von einem euklidischen Verhalten aufweisen, noch unberücksichtigt. Die nächstliegende, einfachste Annahme, die entsprechenden „Krümmungsverhältnissen", wie sie für die Raum-Zeit gelten, auch für Raum und Zeit getrennt Rechnung trägt, führt auf das kugelsymmetrische Feld: in diesem erleiden die Bahn-Ellipsen bzw. -Hyperbeln noch einmal (äußerst langsame) Drehungen in der Bahnebene, so daß sich Bahnkurven ergeben, die man im Falle der Ellipse treffend als „Rosetten" bezeichnet hat. Die Nachprüfbarkeit dieser rosettenartigen Bewegung durch die astronomische Erfahrung im Falle des Merkur gilt bekanntlich neben der Ablenkung der Lichtstrahlen im Schwerefeld der Sonne als eine der Bestätigungen der Einsteinschen Gravitationstheorie; beide Effekte gehen für die metalogische Theorie auf Eigentümlichkeiten des Raum-Zeit-Feldes als reiner a priorischer Anschauungsform zurück.

Treibt man die Näherungsrechnung, von der oben die Rede war, noch einen Schritt weiter, berücksichtigt als in der Reihenentwicklung für $e^{k\Phi}$ neben 1 und dem Glied der ersten Potenz auch das der zweiten, so wird man auf ein Raum-Zeit-Feld geführt, das die Eigenschaften eines Kraft-Feldes besitzt, bei dem zu den Schwerkräften noch elektromagnetische Zusatzglieder kommen. Die Bewegungsbahnen entsprechen denen von elektrisch geladenen Massenpunkten, die sich unter der Einwirkung einer geladenen Masse befinden, welche außer dem statischen Gravitationsfeld noch ein elektrostatisches Feld erzeugt. Entsprechende elektromagnetische Glieder treten auch im metalogischen Operator auf. Ob die Berücksichtigung der dritten und höheren Potenzen physikalische Bedeutung hat, und womit sich die entsprechenden Eigenschaften der Raum-Zeit-Felder identifizieren lassen, das ist hier zu weitläufig, zumal diese weiteren Zusatzglieder unmeßbar klein sind.

11. ELEKTROMAGNETISMUS

Die elektromagnetischen Erscheinungen, die mit den oben erwähnten Zusatzgliedern erstmalig in den Kreis der metalogischen Raum-Zeit-Betrachtungen treten, haben aber noch eine wesenhaftere Stellung in der Raum-Zeit-Lehre der Metalogik. Die Raum-Zeit-Felder der ersten und zweiten Stufe, von denen bis jetzt die Rede waren, wurden metalogisch erzeugt durch die Operation des Dimensionsübergangs, oder, formaler ausgedrückt, durch die Ausübung eines Symbols, des metalogischen Operators, auf die Ausgangsdimension in einer bestimmten Weise. Diese Art der Ausübung des Operators ist aber nicht die einzig mögliche; ihr zur Seite steht eine weitere, die man in Anschluß an die Ausdrucksweise des Tensorkalküls als antisymmetrische oder schief-symmetrische bezeichnen kann. Wieso man zu diesen Ausdrücken und zu deren Unterscheidung kommt, führt hier zu weit; es genüge die Feststellung, daß es diese beiden Weisen der Ausübung gibt.

Die schiefsymmetrische Ausübung des metalogischen Operators führt wieder auf Raum-Zeit-Felder, die man zweckmäßig von den vorigen Raum-Zeit-Feldern der Stufe I bzw. II, als solche der Stufe Ia bw. IIa unterscheidet. Man kann sie auch, wieder in der Sprache des Tensorkalküls, als Linientensoren zweiten Ranges und Flächentensoren ersten Ranges unterscheiden.

Die letztgenannten Raum-Zeit-Felder besitzen die formalen Eigenschaften von elektromagnetischen Feldern; die schiefsymmetrische Ausübung des Operators führt hier auf die Maxwellschen Gleichungen.

Die Bedeutung der schiefsymmetrischen Operation für die Metalogik ist ähnlich wie die der früheren. Wird sie auf eine Dimension ausgeübt, so gehen aus ihr wieder rechtwinklig zu ihr stehende Dimensionen hervor. Ist z. B. die Ausgangsdimension das Raum-Zeit-

Feld erster Stufe, d. i. die (z, t) Dimension, so geht durch die Ausübung des entsprechenden Operators nach der Raumseite aus ihr das rechtwinklig dazu stehende (x, y)-Feld hervor.[6] Für besonders einfach gelagerte Fälle ist dann die x-Richtung die der elektrischen, die y-Richtung die der magnetischen Kraft. Die elektrischen und magnetischen Kräfte stehen aufeinander und außerdem auf der Fortpflanzungsrichtung senkrecht. Das einfachste Beispiel bietet hiefür der linear polarisierte Lichtstrahl. Aber auch die bekannte Linke-Hand-Regel der Elektrodynamik kann als Beispiel dienen. Spreizt man die Finger der linken Hand so, daß sie, so gut es möglich ist, rechte Winkel untereinander bilden, so zeigt der Zeigefinger die Richtung der Bewegung, der Daumen die der elektrischen und der Mittelfinger die der magnetischen Kraft an. Dies zur Illustration der metalogischen Raum-Zeit-Architektur.

Die sin- und cos-Beziehungen etc. bleiben auch bei der schief symmetrischen Operation erhalten. Da die sin- und cos-Schwingungen auf der Fortpflanzungsrichtung senkrecht stehen, erhält man (transversale) Wellen, die beim linear polarisierten Lichtstrahl experimentell nachgewiesen werden können. Ebenso bleiben auch die Kreis- und Ellipsen-Bewegungen erhalten; sie erscheinen in Schraubenwellen mit kreis- bzw. ellipsenförmigem Querschnitt auseinandergezogen, ähnlich wie ein in engen Windungen aufgeschossenes Tau oder Drahtseil durch Zug längs der Windungsachse zu schraubenförmigen Spiralen aufgerollt wird (zirkular bzw. elliptisch polarisiertes Licht). Damit enthüllen sich gleichfalls für die x, y-Dimensionen periodische Eigenschaften.

Zusammen mit den Maxwellschen Gleichungen stellen Schwingungen und Wellen der beschriebenen Art den Befund dessen dar, was von den elektromagnetischen Erscheinungen in die mathematische Physik eingeht. In dieser Form gibt sie Rechenschaft über das Verhalten des Lichtes, und allgemeiner über das der elektromagnetischen S t r a h l u n g überhaupt, von der das Licht nur einen Spezialfall darstellt. Für die metalogische Theorie sind es wiederum ähnlich wie für neuere Theoretiker (Weyl, Eddington, Einstein), die den Elektromagnetismus in der Weltmetrik verankern wollen, nur gewisse Eigenschaften der Raum-Zeit-Felder, die sich als elektromagnetische Erscheinungen bzw. Kräfte, und als Strahlung manifestieren; in dem-

---

[6] In der vierdimensionalen Geometrie gibt es zu einer Ebene eine und nur eine, die zu ihr in der obengenannten Beziehung steht (vgl. Laue, das Relativitätsprinzip: Weltvektoren und -tensoren, S. 76). Für diese hat man die Bezeichnung „Senkrechtstehen" reserviert.

selben Sinne, wie von Raum-Zeit-Schwingungen und -Wellen, wollen wir darum von Raum-Zeit-Strahlung oder kürzer vom „s t r a h l e n d e n R a u m" reden. Doch ist die Bezeichnung Raumschwingungen und Raumwellen etc. ein bloßes Bild, eine Analogie ganz formaler Art, ebenso formal wie das Bild elektromagnetischer Schwingungen und Wellen selber. Darüber äußert sich Frenkel in seinem Lehrbuch der Elektrodynamik mit aller wünschenswerten Deutlichkeit. „Physikalisch hat der Prozeß der Fortpflanzung der elektromagnetischen Wirkungen oder ‚Wellen' im leeren Raum absolut nichts zu tun mit der Fortpflanzung von elastischen Wellen in materiellen Körpern. Die elektromagnetischen Schwingungen stellen gar keine Schwingungsbewegungen dar. Sie sind als Kraftschwingungen aufzufassen, deren wellenartiger Charakter durch die endliche Fortpflanzungsgeschwindigkeit in Verbindung mit dem periodischen Charakter der Bewegung der entsprechenden elektrischen Ladungen steht."

Sozusagen um einen Grad noch immaterieller sind die Raumwellen und Raumschwingungen, auf welche die metalogische Theorie führt. Hier sind es nicht einmal mehr „Kraftschwingungen" im Raum; anstatt irgendwelcher rätselhafter elektromagnetischer Kräfte schwingt der leere Raum selber, die reine Anschauungsform a priori, mit den charakteristischen Eigenschaften elektromagnetischer Schwingungen und Wellen. Es ist Raumstrahlung, womit wir es hier zu tun haben; die reine Anschauungsform a priori verhält sich in einer Weise, die sich uns als „Kraft" manifestiert, die als Kraftschwingungen und Kraftwellen in Erscheinung tritt.

So ist der Ausdruck ‚Strahlender Raum' zu verstehen. Das Kontinuum selber, die reine Anschauungsform a priori, strahlt; Licht, Elektromagnetismus ist eine Eigenschaft des Raums selber. Die Frage nach der Natur von Elektrizität und Magnetismus ist eine der dunkelsten in der ganzen Physik; hier erhält die Antwort der Verfechter ihres welt-metrischen Ursprungs auch von der philosophischen Seite eine merkwürdige Bestätigung: Elektrizität und Magnetismus sind, wie auch die Schwere, Eigenschaften des leeren Raums, der reinen Anschauungsform, ebenso wie die Strömung der Zeit eine Eigenschaft von ihr ist. Der leere Raum selber ist der elektromagnetische Lichtäther mit seiner charakteristischen Schwingungsweise; aber dieser ist kein passives Medium, dessen unwägbaren Atomen wie mikro-mikroskopischen Billardkugeln von mysteriösen Kräften Drehmomente etc. mitgeteilt werden; vielmehr ist der, absolut leer zu denkende, Lichtäther oder allgemeiner: Strahlungsäther selbst in Strahlung aus sich heraus begriffen; Strahlung ist sein „Normalzustand", ebenso wie der Normalzustand des Schwereraums nicht tote Ruhe ist, sondern daß die Himmelskörper in Keplerbahnen (bzw. noch allgemeineren) „umeinander herumfallen", und wie das Normalverhalten der Zeit ist, daß sie „verfließt". Daß wir fallen, daß wir elektrische Bahn fahren können, verdanken wir dieser Raumschwingung und Raumstrahlung der reinen Anschauungsform; das Agens, das unsere Elektromotoren zum Rotieren bringt, das Magneteisen in die Nordsüdrichtung sich einstellen läßt, ist von derselben Art wie das Agens, das uns alle vierundzwanzig Stunden einen Tag älter werden läßt. Wenn wir dies Agens eine Kraft nennen wollen: dann ist Kraft auch eine Eigenschaft des leeren Raums, der reinen Anschauungsform a priori.

12. MATERIE-EIGENSCHAFTEN DER RAUM-ZEIT-FELDER

Wir sind in den bisherigen Darlegungen über einen wesentlichen Punkt hinweggegangen. Bei der mathematischen Behandlung spaltet sich nämlich der Zeit-Bestandteil der Raum-Zeit-Felder in zwei Glieder: eines, das die gewöhnliche „kosmische" Zeit repräsentiert, und ein weiteres, das nach dem Gebrauch der Physiker als „Eigenzeit" bezeichnet werden soll. Für den Fall, daß die Eigenzeit verschwindet, was auf eine mit Lichtgeschwindigkeit durchmessene Bahn herauskommt, beziehen sich die Ausdrücke für das Schwerefeld auf Lichtstrahlen, allgemeiner auf elektromagnetische Strahlung; ist die Eigenzeit dagegen ungleich null, so beziehen sie sich auf die Bewegung eines Massenpunktes. Analog bezieht sich die schiefsymmetrische Ausübung des metalogischen Operators im ersten Fall auf Licht bzw. Strahlung, d. h. auf elektromagnetische Wellen, im zweiten Fall dagegen auf wägbare Materie, die wir hier im Sinne der Wellenmechanik der modernen Physik als „Materiewellen" aufzufassen haben. Dem Leser, der sich von Materiewellen kein rechtes Bild machen kann, möchte ich die treffliche Einführung von A. Haas: „Materiewellen und Quantenmechanik" empfehlen. Es handelt sich dabei darum, denselben (formal-mathematischen) Übergang, der von den geradlinigen Lichtstrahlen der geometrischen Optik zu den wellenförmigen „Strahlen" der Undulationsoptik führt, auf Bewegungen von Massenpunkten zu übertragen. Das geschieht, indem man sich das bewegte Materieteilchen als eine auf einen engen örtlichen Bereich zusammengedrängte Übereinandertürmung von Wellenbergen, als einen sogenannten Wellenbuckel vorstellt, der mit der Geschwindigkeit des Teilchens fortwandert, während die eigentlichen Materiewellen, die sich im Allgemeinen gegenseitig auslöschen und nur in dem erwähnten örtlichen Bereich zu dem „Buckel" summieren, natürlich eine außerordentlich viel höhere Geschwindigkeit (Überlichtgeschwindigkeit) besitzen.

Im Gebiet reiner Strahlung (Eigenzeit = 0) führt die schiefsymmetrische Ausübung des Operators auf die Maxwellschen Gleichungen. Das Analogon dazu im Gebiet der Materiewellen (Eigenzeit = 0) sind nach Mitteilungen Eugen Guths die Diracschen Gleichungen. Die Diracsche Theorie, wohl die zur Zeit vollkommenste Form der Wellenmechanik, gibt durch Verwendung eines, auf den ersten Blick formalistisch und willkürlich erscheinenden, rein mathematischen Operatorkalküls Aufschluß über eine sehr große Anzahl von Gesetzmäßigkeiten der Quantenphysik, zu deren Erklärung man, in der Sprache des Bohr-Sommerfeldschen Atommodells den um den Kern wirbelnden Elektronen noch eine Eigenrotation, den sogenannten Spin zugeschrieben hatte, ähnlich wie der Planet Erde außer dem jährlichen Umlauf um die Sonne noch eine tägliche Umdrehung besitzt. Aber die anschauliche Vorstellung des Atoms als eines ultramikroskopisch kleinen Sonnen-Planeten-Systems hat aufgegeben werden müssen zugunsten der mehr oder minder rein mathematisch-formalen Theorien der Wellen- bzw. der Matrizen-Mechanik. Diese aber laufen im Wesentlichen auf gewisse Manipulationen mit bestimmten Operatoren hinaus, die in enger Beziehung zu unserm metalogischen Operator stehen, sodaß es sich nach der erwähnten Auffassung E. Guths nur um Unterschiede in der Formulierung handelt.

Mit der Dreiheit: Schwere, Strahlung, Materie ist der Kreis der Erscheinungsweisen der Raum-Zeit-Felder ausgeschritten. Auch die Wiederholung des metalogischen Prozesses auf der dritten Stufe ergibt mit sozusagen gewissen Feinstrukturen wiederum Schwere- bzw. Strahlungs- bzw. Materie-Felder. Erstere ergeben aus sich heraus (ohne weitere Strukturhypothesen) Rosetteneffekte, die von den vorhin besprochenen nur wenig abweichen; die letzteren beziehen sich auf die im Schwerefeld gekrümmten Lichtstrahlen bzw. auf ebensolche Materiewellen, die in der Form erscheinen, in der sie bei der fünfdimensionalen Fassung der Wellenmechanik durch einige moderne Physiker (Fock, Klein, London) auftreten. In dieser Form spielen auch die elektromagnetischen Zusatzglieder eine Rolle, von denen zu

Schluß des vorletzten Abschnittes die Rede war. Es handelt sich dabei um wellenmechanische Vorgänge unter Einwirkung elektromagnetischer Kräfte oder, anders gesprochen, um die Bewegung von Korpuskeln im elektromagnetischen Feld.

13. DAS DISKONTINUUM

Obwohl die wellenmechanische Vorstellungsweise, die das Materieteilchen als einen relativ langsam fortwandelnden „Wellenbuckel" ansieht, den direkten Anschluß an die metalogische Raum-Zeit-Theorie hat, ist es natürlich auch zulässig, wegen der völligen mathematischen Äquivalenz, sich der mit der Materiewellen-Theorie konkurrierenden Formulierung zu bedienen, die das Materieteilchen (und ähnlich auch das Lichtquant) als ein Korpuskel betrachtet. Die Welle wie auch das Korpuskel sind als gleichwertige Bilder aufzufassen, die ein und denselben formal-mathematischen Tatbestand in verschiedener Weise interpretieren. Das gilt auch für den Umstand, wo die Wellenvorstellung der Korpuskelvorstellung unbedingt unterlegen erscheint, nämlich für die Unstetigkeiten und Spontaneitäten, die auftreten, wenn man im Experiment an die Größenordnung des Elektrons und des Quants herankommt, und die zu dem Schlusse führen, daß das quantenmechanische Geschehen d i s k o n t i n u i e r l i c h und n i c h t k a u s a l d e t e r m i n i e r t ist. Auf der andern Seite sehen wir aber die Wellennatur von Licht und Materie als verbürgt an durch die Erscheinung der Interferenz und Beugung, die sich ja auch für die Materiewellen hat nachweisen lassen. Man hat nun beide Standpunkte dadurch zu vereinigen gesucht, daß man das sich wellenförmig ausbreitende Etwas als eine Wahrscheinlichkeit im statistischen Sinne für das Einlangen eines Quants bzw. eines Elektrons an einem bestimmten Orte deutete.

Für die metalogische Theorie der Anschauungsformen handelt es sich bei diesem Dilemma darum, ob eine solche Diskontinuität mit der Struktur der Raum-Zeit-Felder vereinbar ist. Mit andern Worten, ob das „Kontinuum" der reinen Anschauungsformen sich nicht auch als ein „Diskontinuum" herausstellen kann.

Die Raum-Zeit-Felder der verschiedenen Stufen erscheinen nun letzten Endes als Funktionen der Zeit, da sie durch die ein-zwei-mehrfache Anwendung des metalogischen Operators aus der Zeit hervorgehen. Wird die Zeit, wie dies hier ohne weitere Diskussion zunächst angenommen wurde, als kontinuierlich (und unbegrenzt) angesetzt, so sind auch die Raum-Zeit-Felder (als reine Anschauungsformen) kontinuierlich (und unbegrenzt). Hierzu aber besteht keine zwingende Notwendigkeit. Statt an ein gleichmäßiges ununterbrochenes Verfließen der Zeit können wir auch an eine Zeit denken, die ruckweise und intermittierend, sozusagen in Zeitquanten fortschreitet, eine Möglichkeit, auf die meines Wissens einmal H. Poincaré hingewiesen hat. Unmittelbar wäre so etwas, da die „Zeitpausen" natürlich keine „Zeit" sind, nicht wahrzunehmen, ebensowenig wie die deformierenden Maßverhältnisse bzw. die „Krümmung" der Raum-Zeit-Felder unmittelbar wahrnehmbar sind; wir würden die Zeit zunächst für kontinuierlich halten wie jene für homogen und euklidisch. Aber es könnte sich ein metrisches Verhalten der Zeit und damit auch der Raum-Zeit-Felder herausstellen, das mit einer kontinuierlichen Struktur unvereinbar wäre: Zeit und Raum würden sich damit als diskontinuierlich erweisen. In der mathematischen Literatur ist das nichts Neues; kein Geringerer als B. Riemann hat von der Möglichkeit diskreter Raum-Mannigfaltigkeiten gesprochen und H. Weyl hat mit Nutzanwendung auf die Quantentheorie wieder darauf hingewiesen; in breiteren Kreisen hat A. Moszkowski für diese Idee zu werben versucht. Raum und Zeit würden so in eine ungeheure Anzahl von Raum-Zeit-Partikelchen, sozusagen Raum- und Zeit-Funken zerstäubt; nur für eine genügend große Anzahl solcher Funken könnte man von einem Zeitstrom, und entsprechend von kontinuierlichen räumlichen Wellen etc. sprechen. Makrokosmische Gesetzmäßigkeiten könnten sich darum nur auf statistische Mittelwerte und Wahrscheinlichkeiten beziehen.

Halten wir uns nun enge an die ursprüngliche Bedeutung des metalogischen Kalküls. Dieser ist nichts anderes als die mathematisch-symbolische Formulierung der metalogischen Grundtatsache, daß eine V i e l h e i t von Denkdingen, in einem Inbegriff gefaßt, wieder eine E i n h e i t ist. Sind diese Denkdinge (— wir haben es ja nicht mit „Wirklichkeiten" zu tun, sondern nur mit Anschauungsformen —) Zeit, so heißt das, daß jede, im gewöhnlichen Sinn von der Zeiteinheit verschiedene Vielheit von solchen zu einer Einheit höherer Ordnung zusammengefaßt werden kann. Diese metalogische Einheit ist eine variable Einheit; es wird ihr Verhalten beim Verschwinden aus dem jeweiligen Ordnungsbereich studiert; darunter auch der Fall, daß sie in eine andere Dimension, hier des Raums bzw. der Raum-Zeit, umschlägt.

Dieser ursprünglichen Bedeutung entsprechend haben wir es sowohl für Zeitliches als auch für Räumliches immer nur mit endlichen Größen zu tun. Streng genommen können wir Unendlichgroßes wie Unendlichkleines weder vorstellen noch denken; wir können nur den Grenzbegriff des über alle Grenzen Wachsens bzw. Kleinerwerdens bilden, und in einem mehr oder weniger inhaltsleeren, rein formalen Symbol diesen Prozeß des Unendlichgroß- bzw. -kleinwerdens als vollendet ansetzen. Auch entfallen für Nicht-endliches die Voraussetzungen, die zu der Notwendigkeit der Schaffung eines nicht-widerspruchsfreien Kalküls führen; weder die Paradoxien des Unendlichgroßen noch die des Unendlichkleinen sind Widersprüche im Sinne der nichtmetalogischen Mathematik.

Es hat daher den Anschein, daß irgendwo im Sehr-Kleinen, aber immer noch im Endlich-kleinen, eine Grenze angesetzt werden muß, unterhalb deren die Zeit nicht weiter teilbar ist, oder unterhalb deren eventuelle weitere Teilungen mindestens ununterscheidbar und deswegen auch undefinierbar sind. Und zwar scheint es sich dabei um eine prinzipielle, a priori gegebene Ununterscheidbarkeit aus mathematischen bzw. metalogischen Gründen resultierend, zu handeln, die von der Ununterscheidbarkeit aus experimentellen Gründen (die psychologisch-physiologisch bedingte Ununterscheidbarkeit liegt viel zu hoch) gewissermaßen widergespiegelt wird. Welchen zahlenmäßigen Wert man der Grenze geben muß, das ist natürlich wohl eine empirische Angelegenheit, da unser auf Zentimeter-Sekunde-Gramm aufgebautes Maß-System eine ganz willkürliche Festsetzung ist. Er steht mit dem Planckschen Elementarquantum in Beziehung, und dieses ist von der Größenordnung 10^{-27}, also sehr klein.[7]

---

[7] Die Darstellung im Text ist der leichteren Eingänglichkeit zuliebe stark stilisiert. Es handelt sich darum, daß in der Metalogik, wie dort seinerzeit auf anderem Wege festgestellt wurde, im allgemeinen Größen nicht vertauscht werden können, daß also in einem Produkt, z. B. statt $a \cdot b = b \cdot a$ oder $ab - ba = 0$ gilt: $ab - ba \neq 0$. Das ist aber der Ansatz, mit dem die Quantenphysik der verschiedensten Formen den Unstetigkeiten und anderen Sonderbarkeiten des atomaren etc. Geschehens zu Leibe geht. Der nächste Anschluß ergibt sich da für die Metalogik an die Born-Wienersche Operator-Mechanik, für die die obige Unvertauschbarkeitsrelation in der Form $\frac{\partial}{\partial q} q - q \frac{\partial}{\partial q} = 1$ auftritt, wobei sie ihren Namen von dem Differential-Operator $\frac{\partial}{\partial q}$ hat. Die Metalogik ist nun ein ausgesprochener Operator-Kalkül; fast alles, was in der Metalogik vor sich geht, wird durch (Differential-)Operatoren bewerkstelligt; und, im Gegensatz zu den physikalischen Operator-Theorien, für die der Operator immerhin nur ein mathematisches Darstellungsmittel ist, erschöpft sich der Inhalt der Metalogik in gewissen, durch Ope-

14. STOFFLICHE WELT UND REINE ANSCHAUUNGSFORM

Mit der Bildung der Raum-Zeit-Felder dritter Stufe sind die Möglichkeiten der metalogischen Begriffsverwandlungen durch Dimensionsübergänge noch nicht erschöpft. Wir haben bloß deswegen, weil, vom allgemeinen Gesichtspunkt aus mehr oder weniger zufällig, der Raum der Anschauung (im engsten, eigentlichen Sinn) dreidimensional erscheint, keinen Anlaß, uns auf diese drei Dimensionen zu beschränken. Die konsequente Weiterführung der metalogischen Operationen führt dann auf vier-, fünf-, n-, ∞ -dimensionale Raum-Zeit-Felder.

Auch die moderne, quantenmechanische Physik arbeitet mit unbeschränkt-dimensionalen, letzthin unendlich-dimensionalen Räumen, wenn sie diese auch meist nicht als „wirkliche" Räume, sondern als mathematische Hilfsräume (Operations- oder Konfigurations-Räume) betrachtet. Sie führt dabei für jeden besonderen Fall, für den, in der Sprache des Atom-Modells gesprochen, um den Kern 1, 2, .. n, Elektronen kreisen, einen $1 \cdot 3$-, $2 \cdot 3$-, ... $n \cdot 3$-dimensionalen Raum ein. Nach den Vorstellungen des Atom-Modells ist aber die Anzahl der Elektronen der Ordnungszahl der chemischen Elemente zugeordnet. Der drei-, sechs-.. 3n-dimensionale Raum (bzw. Materiewellen in diesem) entspricht demnach den Elementen Wasserstoff, Helium, Lithium etc.

Die Zuordnung der höherdimensionalen Räume zu den verschiedenen Grundstoffen deckt sich hier völlig mit Überlegungen, die in der Metalogik schon früher zu einer entsprechenden Deutung mehr als dreidimensionaler Räume geführt haben.[8] Für die Theorie der reinen Anschauungsformen sind natürlich die höheren Räume ebenso unanschaulich wie für die naive Ansicht; sie können darum nur unter der Form des dreidimensionalen Raums in Erscheinung treten. Daß wir anschaulich nicht über diesen hinauskommen, das verhält sich so: Nicht bloß der Inbegriff einer einzelnen Dimension, d. i. einer (räumlichen oder zeitlichen etc.) Ausdehnung ist, da sie eine (unendliche) Anzahl von Einzelelementen zusammenfaßt, eine höhere Einheit im Sinne der Metalogik, sondern es können auch die Dimensionen als Ganze wieder zu höheren Einheiten (dem Inbegriff des zwei-, drei-dimensionalen Raums etc.) zusammengefaßt werden. Bei

---

ratoren bewerkstelligten Operationen: Begriffsverwandlungen, Bereichs- und Dimensionsübergängen. Wenn also in irgendeiner Theorie, so hat die obige Vertauschungsregel für Operatoren in der Metalogik von Haus aus Bürgerrecht.

[8] Harburger, Die Metalogik (1919), S. 171, 172.

allen Inbegriffen hat man nun zu unterscheiden zwischen sozusagen primitiven Inbegriffen und höheren, zusammensetzbaren Inbegriffen. So ist offenbar, wenn wir die gewöhnliche Einheit (die Eins) ausschließen [— sie ist kein eigentlicher (höherer) Inbegriff, und die Konstruktion der Metalogik ist für sie gänzlich unnötig —] die Reihe der natürlichen Zahlen aus 2 und 3 zusammensetzbar: 2 und 3 sind primitive Vielheiten, und ihre Zusammenfassungen sind primitive Inbegriffe, oder, da die höhere Einheit eine solche von höherer Qualität ist, primäre, nicht weiter zusammensetzbare Qualitäten.[9] Die höheren Raum-Qualitäten aber erscheinen als aus den primären zusammengesetzt, und zwar, da im allgemeinen die einzelnen Dimensionen als unbegrenzt (unendlich) gedacht werden, nicht in einem räumlichen Nebeneinander, sondern in einem Ineinander. So daß man die reine Raum-Anschauungsform etwa als eine Ineinanderschachtelung oder Häufung höherer Räume in den ursprünglichen dreidimensionalen hinein bezeichnen könnte, dergestalt, daß die vierte (w-)Dimension wieder auf die erste (z-)Dimension (in unserer Bezeichnungsweise) des dreidimensionalen (zyx-)Raums, die fünfte (v-)Dimension auf die y-Dimension und so in einem regelmäßigen Turnus weiter zu fallen kommt. Die steigende Intensität der Raumbelegung (— sie zu denken macht keine Schwierigkeiten, da wir es im Sehrkleinen mit Diskontinuierlichem zu tun haben —) äußert sich dann als zunehmende Dichte der Anschauungsform, und die realen Manifestationen dieser Dichte sind wieder die verschiedenen Qualitäten des „Stofflichen", die chemischen Elemente (Atome), die man darum in sehr weitgehendem Maße unter dem Bilde des mikrokosmischen Sonnensystems mit 1, 2, 3, ... n-Elektronen begreifen kann.

Für eine dem Wesen der Anschauungsform entsprechende mathematische Behandlung ist aber der $1 \cdot 3$-, $2 \cdot 3$-, ... $n \cdot 3$-dimensionale Raum zuständig. Dieser hat die geforderten Strukturen, da die metalogische Erzeugung der Anschauungsformen auf ihn führt, obwohl er auch wieder die Eigenschaft hat, in einen dreidimensionalen Raum hinein gehäuft zu erscheinen. Ob er allerdings als der „wirkliche" Raum anzusprechen ist: diese Frage ist genau so metaphysisch und hat genau so wenig Sinn wie jene, die ergründen will, ob der „wirkliche" Raum gestaucht (deformiert) oder gekrümmt ist. (Relativität der Geometrien.) Vgl. auch Kapitel 3.

[9] In der metalogischen Musiklehre führen Überlegungen dieser Art zur Ableitung der Grundelemente der Rhythmik (Zweier- und Dreier-Rhythmus) und der Tonalität (Dreiklänge und Kadenz). Der Zusammenhang mit der Quantentheorie läßt sich jetzt ahnen.

Der Raum und die Zeit, und auch die Union beider: die Raum-Zeit, womit wir es hier zu tun haben, ist, — es kann nicht genug betont werden —, die reine Anschauungsform im Sinne der kantischen Philosophie, und die Frage, ob ihr etwas „Wirkliches" entspricht, entfällt hier als eine im Grunde metaphysische Angelegenheit gänzlich. Dafür hat die reine Anschauungsform so ziemlich alle „realen" Eigenschaften in sich aufgesogen, welche die naive Ansicht dem in Raum und Zeit gegebenen „Wirklichen" zuschreibt. Auch das, was dem Augenschein als die gröbste und handgreiflichste Wirklichkeit vorkommt, das Stoffliche, löst sich so in eine Erscheinungsweise der reinen Anschauungsform auf, es ist eine Manifestation gewisser Strukturen der Raum-Zeit-Felder ebenso wie Schwere und Strahlung, welch letztere als ein Spezialfall (für eine verschwindende Eigenzeit) der Materiewellenfelder erscheint. (Korrespondenz der Maxwellschen und der Diracschen Gleichungen.)

15. METAPHYSIK DES RAUMWESENS

So scheint die Ansicht der kritischen Philosophie recht zu behalten, daß wir über das Wesen und die Eigenschaften der Dinge an sich nichts in Erfahrung bringen können, daß wir nicht einmal auf die Frage, ob sie notwendig existieren müssen oder fraglich sind, einen eindeutigen Bescheid erhalten. Der erste Fall entspricht dem im ersten Kapitel angeführten Zitat aus Weyls Raum-Zeit-Materie, „daß die Physik gar nicht vom Inhaltlichen, Materiellen der Wirklichkeit handelt, sondern nur von deren formaler Verfassung." Faßt man dagegen die andere Möglichkeit ins Auge, daß gar keine „Dinge" hinter den Erscheinungen verborgen stecken, so sind die reinen Anschauungsformen, d. h. die Raum-Zeit-Felder mit ihren wechselnden Strukturen auch zugleich das Wesen der Welt; man könnte, besonders da es ja auch (was im Rahmen dieser Abhandlung nur gestreift werden konnte) in die Bezirke des Innenlebens auf die Empfindung, hinübergreift, von dem R a u m w e s e n (bzw. Raum-Zeit-Empfindungswesen) reden. Es handelt sich in diesem Zwiespalt um den bekannten Idealismus-Widerstreit, um die Widersprüche, die man in der kantischen Kritik der reinen Vernunft (bzw. zwischen ihren beiden Ausgaben) zu finden glaubte, die aber bei Lichte besehen gar keine sind. Die Aussagen, daß es hinter der Erscheinungswelt für ein erkennendes Subjekt unabhängig von diesem eine wirkliche Welt geben müsse, resp.

möglicherweise nicht, beziehen sich gar nicht auf dasselbe Subjekt. Kant unterscheidet sehr scharf zwischen dem (abzulehnenden) empirischen oder psychologischen Idealismus, der vermeint, die Existenz einer von dem individuellen Subjekt (dem Subjekt Kant z. B.) unabhängigen Dinglichkeit leugnen zu können, und dem transzendentalen Idealismus, der für das allgemeine unpersönliche Subjekt (das „Es" in Lichtenbergs: Nicht ich denke, sondern es denkt in mir) zu einer gewissen Leugnung derselben kommt. Das dazu sozusagen „konjugierte" Ansichtspaar: empirischer Realismus/transzendentaler Realismus kommt wieder für die beiden Subjekte zu einer Bejahung der Existenz einer von dem Subjekt unabhängigen dinglichen Welt. Hier ist der zweite abzulehnen. Die irrigen Ergebnisse beruhen darauf, daß die jeweilige Aussage mit dem falschen Subjekt gekoppelt wird.

Das wahrnehmende und erkennende Subjekt, das Ich, besitzt nun eine merkwürdige Doppelnatur, die es unausgesetzt zwischen dem empirischen Pol und dem transzendentalen hin- und herpendeln läßt: bald ist es ein halb unbewußtes, triebhaftes Naturwesen, bald ist es, in allen a prioristischen Angelegenheiten, unempirisch und von überpersönlicher Bewußtheit. Es ist eine viel zu schwankende Grundlage, als daß solch letzte Entscheidungen auf ihr getroffen werden können. Man versuche nur einmal, über das eigene Ich zu meditieren, es zu fassen trachten — und man wird in einen Abgrund schauen, in dem nichts, aber auch nichts greifbar ist. Darum tut man am besten daran, die Betrachtung für möglichst extreme Grenzfälle des erkennenden Subjekts für das ganz naive empirische Ich und das a prioristische, unpersönliche Es getrennt durchzuführen.

Nur im ersten Fall, für das empirische Ich, ist nun die Resignation angebracht, daß die metalogische Entwicklung der Anschauungsformen nichts über das eigentliche Wesen der Welt als eines hinter diesen stehenden Dings an sich aussagt. Aber alle die aprioristischen Angelegenheiten, d. i. alle, soweit sie „mathematisiert und logisiert" sind, gehen gar nicht das empirische Subjekt an, sondern das andere; die Antworten, die gegeben werden, beziehen sich auf Fragen, die das unpersönliche Subjekt, das mathematische Ich sozusagen, stellt. Das gilt auch für die (theoretische) Physik, je mehr sie sich in ihrer jüngsten Entwicklung mathematisiert hat. Ihr Bestreben ist ja, auch in der Anordnung und Auswertung des Experiments, alles Sinnen-Unmittelbare, alles Qualitative und (im philosophischen Wortgebrauch) Stoffliche, d. i. Empfindungsmäßige auszuschalten, zugunsten formaler, mathematisch-quantitativer Beziehungen, die man am liebsten, so weit es geht, an Skalen von Apparaturen abliest. Das heißt man sucht die „Außenwelt" in Struktureigentümlichkeiten von Raum-Zeit-Feldern, von reinen Anschauungsformen aufzulösen; und man kann sich darum nicht wundern, wenn hinter diesen nichts mehr übrig bleibt, als eben Raum-Zeit-Beziehungen und, auf der Seite der Experiments, ein Verhalten von Apparaturen, das solche anzeigt.

Auf dieser Erkenntnisstufe wenden sich die Aussagen nicht mehr an das empirische, sondern an das überpersönliche Subjekt, an das mathematische Ich. Hier ist es durchaus angängig, — wenn man nicht den Grenzübertritt dieser letzten Seiten ins Metaphysische überhaupt ablehnt —, die Anschauungsformen Raum und Zeit etc. als letztes Wesen der Dinge, als die Offenbarung des R a u m w e s e n s anzusehen. Damit sind wir aber einem geläuterten, durch den kritischen Idealismus hindurchgegangenen Realismus nicht mehr ferne wie denn überhaupt die sich befehdenden philosophischen Lehrmeinungen viel weniger einander zu widerstreiten, als einander komplementär zu sein scheinen. Und es ist vielleicht an der Zeit, neben Kants wieder seines großen Antipoden Leibniz zu gedenken, für den wohl auch bald die Stunde schlagen wird.

Von Kant her führt somit die metalogische Entwicklung der reinen apriorischen Anschauungsformen zu Raum-Zeit-Mannigfaltigkeiten, deren Struktureigentümlichkeiten weit über die leeren Ordnungsgefüge der abstrakten klassischen, und auch der Vektor-Geometrie hinausgehen, zu dynamischen Raum-Zeit-Feldern mit ganz realistischen Eigenschaften wie Schwere, Strahlung, Materie. Die berühmte Einsteinsche Formulirung: „Der leere Raum ist mit physikalischen Qualitäten ausgestattet" verliert so auch für den Philosophen seine Paradoxie: von Kant her führt der Weg zu denselben Raum-Zeit-Gefügen mit ihren physikalischen Eigenschaften, zu den dynamischen Dimensionen des Strahlungs- und Gravitationsäthers mit seinen gigantischen Weltkräften und zu den vollendeten Harmonien der Maxwellschen Gleichungskristalle und der modernen Quantenphysik.

Es ist das R a u m w e s e n selbst, der S t r a h l e n d e R a u m, der sich in diesen Harmonien manifestiert; schwingende, rotierende Geometrie, als reine Anschauungsform a priori, hat bereits die Eigenschaften des „Im Raume befindlichen" Realen. Der Raum an sich selber leuchtet, strahlt; was wir Massenzentren und Lichtquellen nennen, sind sozusagen Raumballungen, singuläre Stellen im Raum-Zeit-Feld. Dies Raumwesen ist alles in sich Raum, Zeit, Empfindung, Strahlung und Materie, es ist der Äther und das Feld, und doch kein unwägbar feines stoffliches Medium, in dem sich Schwingungen fortpflanzen und keine eigentliche Kraft, die Wellen schlägt, — es ist reine Form, reine Anschauungsform a priori, und doch kein Nichts; und diese reine Form selber schwingt und strahlt und bewegt sich als Massenpunkte um Massenzentren. Der Philosoph Tummers meint: „Wenn man Schwingungen hat, so muß man auch etwas haben, was schwingt.[10] Nun, dieses etwas ist der Raum an sich, die letzte Realität, die die moderne Physik noch gelassen hat, und in diesem Sinne auch die letzte Realität der kantischen Philosophie. Die Schwingungen und Wellen dieses Raumwesens manifestieren sich als Licht und Schwere und als Materie; doch sind sie nicht Kräfte, die sich in der toten Arena des leeren Raums tummeln, sondern sie sind Eigenschaften des Raums an sich, ebenso wie der Sturz der Zeit in die Zukunft, vielleicht das tiefste dynamische Geheimnis des Raumwesens.

---

[10] Tummers, Die spezielle Relativitätstheorie Einsteins und die Logik. Dagegen ist einzuwenden, daß auch Zustände schwingen und sich wellenartig fortpflanzen können, wie Temperaturen, Dichten, Kräfte, ja auch Wahrscheinlichkeiten.

STRAHLENDER RAUM

*Die physikalischen Eigenschaften der reinen Anschauungsformen
a priori*

Mathematisch-metalogischer Teil

I. KURZER ABRISS
DES METALOGISCHEN KALKÜLS

(Lehre von den widerspruchsvollen Gleichungen)

Der metalogische Kalkül geht aus von der widerspruchsvollen Gleichung: $\frac{a}{2a} = \frac{a}{a} = 1$ (lies: die Größe verhält sich zu ihrem Doppelten, allgemeiner: Vielfachen, wie zu sich selbst). Diese paradoxe Formulierung drückt aus, daß eine Vielheit von Denkdingen, bzw. das Verhältnis eines solchen (a) zu einer Vielheit (2a) begrifflich immer als Einheit (1) auftritt, niemals anders gefaßt werden kann, als in einem Inbegriff. Natürlich haben die beiden Seiten dieser widerspruchsvollen Gleichung verschiedene Bedeutung: während die Zahlen bzw. Größen der linken Seite Symbole im Sinne der gewöhnlichen widerspruchsfreien Mathematik sind, nämlich reelle ausgedehnte Zahlen bzw. Größen, bedeutet die 1 der rechten Seite einen **Inbegriff**, der das Ausgedehnte über die Ausdehnung hinaus zusammenfassend vereinigt. Die linke Seite wird daher auch durch den Zusatz: ext (= extensiv), die rechte durch: int (= intensiv) gekennzeichnet; eine genauere Untersuchung zeigt, daß die rechte Seite, da sie sich mit der Aussage der **Einheit** bzw. **Nichteinheit** befaßt, der Kategorie **Quantität** zugehört; die rechte Seite kann daher als die quantitative bezeichnet werden. Dagegen beschäftigt sich die Aussage der linken Seite mit der Aufstellung der **nicht-zusammengefaßten** Denkdinge 2a (vielleicht noch deutlicher mit (a, a) bezeichnet) bzw. einer Umformung (Relation) davon: diese gehören einem anderen Existenzbereich, außerhalb des der widerspruchsfreien Dinge, an, und die Aussage der linken Seite erschöpft sich in der Behauptung, daß die Dinge a, a (in einem anderen Bereiche) „existieren". (Vgl. hierüber den allgemeinen Teil.) Aussagen über Existenz (Sein) bzw. Nicht-Existenz (Nicht-Sein) fallen aber unter die Kategorien: Qualität; die linke Seite heiße daher die qualitative. Doch ist diese Bezeichnungsweise rein willkürlich. Legt man auf der rechten Seite die Betonung auf den Grad der Einheit (den Exponenten), so wird man sie als die **qualitative** bezeichnen, während dann die linke Seite durch den

Tatbestand der **V i e l h e i t** (Nicht-Einheit) als quantitative charakterisiert ist.

Syllogismen, die in Form von Substitutionen an der widerspruchsvollen Gleichung vorgenommen werden, führen zu weiteren widerspruchsvollen Gleichungen. (Für ihre Ableitung vgl. Harburger: Die Metalogik. Abschnitt Logik; Arithmetik und Algebra):

$$\left.\begin{array}{l}\left(\dfrac{a}{3a}\right) \text{ext} \quad = 1\ \text{int}^2 \\[4pt] \left(\dfrac{a}{4a}\right) \text{ext} \quad = 1\ \text{int}^3 \\[4pt] \quad\vdots \\[4pt] \left(\dfrac{a}{(n+1)a}\right) \text{ext} = 1\ \text{int}^n \\[4pt] \text{und damit auch} \\[4pt] \left(\dfrac{a}{a}\right) \text{ext} \quad = 1\ \text{int}^o\end{array}\right\} I_1$$

Sie stehen im Gegensatz zu Gleichungen, die in normaler Weise durch Potenzierung der rechten wie der linken Seite der Grundgleichung gewonnen werden:

$$\left.\begin{array}{l}\left(\dfrac{a}{2a}\right)^2 \text{ext} = \left(\dfrac{a}{4a}\right) \text{ext} = 1^2\ \text{int} \\[4pt] \left(\dfrac{a}{2a}\right)^3 \text{ext} = \left(\dfrac{a}{8a}\right) \text{ext} = 1^3\ \text{int} \\[4pt] \quad\vdots \\[4pt] \left(\dfrac{a}{2a}\right)^n \text{ext} = \left(\dfrac{a}{2^n a}\right) \text{ext} = 1^n\ \text{int,}\end{array}\right\} II_1$$

ferner allgemeiner

$$\left(\dfrac{a}{ma}\right)^n \text{ext} = \left(\dfrac{a}{m^n a}\right) \text{ext} = 1^n\ \text{int}^{m-1}, \Big\} II_{m-1}$$

Der Unterschied besteht darin, daß die letztgenannten Gleichungen II_1 bzw. II_{m-1} jeweils innerhalb des Bereichs verbleiben, der durch die Einführung des einen Widerspruchs (bzw. von (m—1) Widersprüchen) konstituiert wird, und den sie, bei der Aufstellung eines dem gewöhnlichen widerspruchsfreien nachgebildeten Systems, nicht durch Einführung eines weiteren Widerspruchs etwa, überschreiten. Lediglich auf dem Grad (n) der intensiven Einheit 1^n muß geachtet werden. Bei der substitutiven Ableitung jedoch der Gleichungen (I) wird (in Form eines metalogischen Syllogismus) jeweils ein neuer Widerspruch eingeführt; der Bereich wird also jedesmal überschritten. Wir drücken diesen Unterschied durch die Stellung des Exponenten: einmal nach 1 und das andere Mal nach int aus; im letzteren Fall zeigt die Ordnung (m—1) an, daß ein Bereich mit (m—1) Widersprüchen, ein widerspruchsvoller Bereich (m—1) ter Ordnung vorliegt. Die Gleichungssysteme II kollidieren insofern nicht mit den Systemen I, als sie auf einer Anwendung des (quantitativen) Satzes: Gleiches mit Gleichem ergibt Gleiches beruhen. Ein Resultat aber, das sich daraus ergibt, kann keine außerquantitative metalogische Bedeutung beanspruchen (vgl. S. 27 des allgemeinen Teils); es besagt nur, daß innerhalb des widerspruchsvollen Bereichs (m—1) ter Ordnung ein der widerspruchsfreien Mathematik nachgebildetes System von Denkdingen aufgestellt werden kann, in dem die verschiedenen Ineinsfassungen durch den Grad (n) der Eins, d. h. durch 1^n int ausgedrückt werden. Eine weitergehende metalogische Bedeutung haben daher die Gleichungssysteme II nicht; es müssen also Gleichsetzungen der verschiedenen Einsen vermieden werden, aus denen neue Widersprüche resultieren; denn damit würde ja wieder der Bereich überschritten und der Exponent müßte nach „int" gesetzt werden. Es liegt hier genau so wie in der gewöhnlichen Mathematik, in der ebenfalls gewisse Gleichsetzungen (der beiden Werte einer Quadratwurzel z. B) ausgeschaltet sind, da sie zu Widersprüchen führen. Vgl. die Ausführungen über die allgemeine intensive Einheit e^{ni} int weiter unten.

Aus den Gleichungssystemen I und II ist zu ersehen, daß die 1 der rechten Seite eine veränderliche Größe (sic!) ist: die begriffliche Zusammenfassungseinheit und damit die Kategorie Quantität sind als solche variabel. Obwohl die Quantität immer $= 1$ ($1^0 = 1^1 = 1^2 = \ldots = 1^n$) bleibt, verwandelt sich die Einheit (der Inbegriff) bei jedem Übergang von einer widerspruchsvollen Gleichung zur anderen (siehe den ersten Teil); auch vollzieht sich beim Übergang von der linken Seite einer widerspruchsvollen Gleichung mit der Einheit $\left(\frac{a}{a}\right)$ ext 1 int^0 zur rechten Seite mit der Einheit 1 int^n eine solche Verwandlung. Aus dem letzteren Beispiel wird wieder ersichtlich, daß jede dieser Einheiten einem verschiedenen, zu allen übrigen widerspruchsvollen Existenzbereich, d. i. einer **andern Qualität** angehört; die **Ordnung dieser Qualität** drückt sich im Exponenten der int-Einheit aus.

Es gibt nun schon im Bereich der gewöhnlichen Mathematik eine solche variable Größe, die trotzdem immer wieder die Werte 1 annimmt: es ist die bekannte variable, stetige und differenzierbare Funktion $e^{\psi i} = \cos \psi + i \sin \psi$, die magische Grundformel vielleicht aller Mathematik überhaupt. Denn für die Werte $\psi = 2 k \pi$; $k = 0, \pm 1, \pm 2 \ldots \pm n$ nimmt $e^{\psi i}$ in der Tat immer den Wert 1 an. Die dazwischenliegenden Werte sind dagegen im allgemeinen komplex, sie liegen bei geometrischer Darstellung in der komplexen Zahlenebene auf einem Kreise mit dem Radius 1. In dieser Form ist die Funktion $e^{\psi i}$ durchaus widerspruchsfrei im Sinne der gewöhnlichen Mathematik.

Für die Zwecke der vorliegenden Abhandlung wäre das über die Funktion $e^{\psi i}$ Gesagte völlig ausreichend. Es interessieren uns hier nur gewisse Metamorphosen der variabeln intensiven Einheit; auf die metalogischen Gleichungen, d. i. das Gebiet, wo die Dinge eigentlich widerspruchsvoll werden, kommen wir hier gar nicht zu sprechen. Wir können zur Untersuchung dieser Metamorphosen in durchaus üblicher Weise Differentialquotienten bilden bzw. die umkehrenden Integrationen vornehmen (darauf nämlich läuft die metalogische Methode im Wesentlichen hinaus) und auf dem sicheren Schiffskurs der widerspruchsfreien Mathematik bleiben, ohne uns auf die heiklen Abenteuer im Nicht-Widerspruchsfreien einlassen zu müssen. Um jedoch die Bedeutung der genannten Operationen kennen zu lernen, ist es notwendig, einen Abstecher in dies Gebiet zu unternehmen; dabei können wir die intensive Einheit, an Stelle der nicht-widerspruchsfreien Gleichungen mit ihren sehr komplizierten arithmethischen und algebraischen Rechenregeln, überhaupt zum Ausgangspunkt der Metalogik machen.

Als Ausgangspunkt eines nicht-widerspruchsfreien Systems kann natürlich der Kalkül mit der int-Größe selbst auch nicht widerspruchsfrei sein. Denn aus etwas Widerspruchsfreiem kann bei Beobachtung der üblichen Vorsichtsmaßregeln der Mathematik nichts Widerspruchsvolles resultieren.

Es bestehen aber neben der Hauptlösung der Gleichung: $z = e^{\psi i} = \cos \psi + i \sin \psi$ noch unendlich viele Nebenlösungen, darunter auch die Nebenlösung $z = e^{\psi i} = 1$. Nach einem Satz über die Mehrdeutigkeit der Wurzelziehung bei komplexen Größen bestehen nämlich genau so viele Wurzeln der Gleichung: $z^n = e^{\varrho i} = e^{\varrho_0 i + 2 k \pi i}$ als der Grad (n) der Gleichung angibt. Ist z. B. $\varrho_0 = 0$; $n = 4$, so ergibt sich für $k = 1, 2, 3, 4$, je eine Wurzel $z = e^{2 \frac{k}{n} \pi i} = \cos\left(2 \frac{k}{n} \pi\right) + i \sin\left(2 \frac{k}{n} \pi\right)$

d. h. neben der Hauptlösung 1 noch die Nebenlösungen $+i, -1, -i$,
Läßt man die Variable ψ die Reihe der Zahlen $0 \cdot \dfrac{2\pi}{n}; 1 \cdot \dfrac{2\pi}{n}; 2\dfrac{2\pi}{n} \ldots n\dfrac{2\pi}{n}$
durchlaufen, so ergibt das, wenn nur der „Raster" eng genug genommen wird, d. h. für ein unbegrenzt wachsendes n, jeweils unendlich viele „Nebenwurzeln" zu $z = e^{\psi i} = \cos\psi + i\sin\psi$, darunter auch die Nebenlösung $e^{\psi i} = 1$. In etwas formalistischerer Weise kann man die Existenz der Nebenlösung 1 durch die elementare Entwicklung zeigen: $e^{\psi i} = e^{2\pi i \cdot \gamma} = 1^\gamma = \left(\dfrac{a}{a}\right)^\gamma = a^{\gamma - \gamma} = a^0 = 1$, wobei $2\pi\gamma = \psi$. Statt im Kreise zu gehen, marschiert hier die Funktion sozusagen an der Stelle.

Von diesen Nebenlösungen machen wir in der Metalogik Gebrauch, indem wir $e^{\psi i} = 1$ als die variable intensive Einheit erklären, ebenso wie sich die gewöhnliche Mathematik an die Hauptlösung hält, und 1 durch $e^{2k\pi i}$ definiert. Diese Wahl der intensiven Einheit führt, wie man gleich sehen wird, in ihren Konsequenzen zu widerspruchsvollen Ergebnissen; wir geraten durch diese Ausfallspforte außerhalb der widerspruchsfreien Mathematik in das Gebiet der metalogischen Mathematik. Es ist daraus klar, daß, b e i G l e i c h s e t z u n g, der Ausdruck $e^{\psi i} = 1$ im allgemeinen mit dem Ausdruck $e^{2k\pi i} = 1$ nicht im selben Bereich vorkommen kann (im widerspruchsfreien z. B., und so auch allgemeiner im widerspruchsvollen Bereich irgend einer bestimmten Ordnung); die intensive Einheit bewegt sich also bei ihrer Wanderung, wobei sie als Quantität immer gleich 1 bleibt, durch die verschiedenen metalogischen Bereiche; bei jeder Änderung des Arguments ψi um $d\psi i$ verschwindet die intensive Einheit aus dem jeweiligen Bereich. Der mathematische Ausdruck dieser Änderung ist die Angabe der Relation, die zwischen Funktion und Argument besteht, wenn beide aus ihrem Existenzbereich verschwinden, d. i. $=0$ werden, mit anderen Worten: d i e B i l d u n g d e s D i f f e r e n t i a l q u o t i e n t e n $\dfrac{d e^{\psi i}}{d \psi i} = e^{\psi i}$ \hfill (0)

Natürlich bewegt sich die variable Einheit auch i n n e r h a l b eines jeden Bereichs, wie durch alle Hauptlösungen, so auch durch die entsprechenden Nebenlösungen $e^{\psi i}$ hindurch (auch z. B. innerhalb des widerspruchsfreien Bereichs, des Bereichs mit der Ordnungszahl 0): es muß dann nur jede Gleichsetzung vermieden werden (außer soweit sie bei den Hauptlösungen widerspruchsfrei zulässig ist), bzw. darf ihnen keine eigentliche metalogische Bedeutung beigelegt werden, die die triviale quantitative Aussage überschreitet, daß alle int-Größen „Einsen", d. h. Inbegriffe ($= 1$) sind.

Zu einer **metalogischen Aussage** sind nun zwei und nur zwei intensive Einheiten erforderlich, die durch ihre Inbeziehungsetzung, mit der Aussage ihrer Gleichheit (Quantität) zusammen, die metalogische Aussage ergeben; wir geben dieser „Relation" in durchaus üblicher Weise wieder die sozusagen naturgegebene Form eines Quotienten: $\dfrac{1\,\text{int}^n}{1\,\text{int}^1} = \dfrac{\text{Funktion}}{\text{Argument}}$. Auf diese Form sind die beiden int-Einheiten durch geeignete Umrechnung der Ordnungszahlen immer zu bringen; würde man sie beide als Funktionen einer dritten behandeln, so liefe das letzten Endes auf Anwendung der metalogisch unzulässigen quantitativen Sätze: „Gleiches mit Gleichem ergibt Gleiches" und: „Sind zwei Größen einer dritten gleich etc." hinaus.

Zu den die Kategorie Relation betreffenden Aussagen gehört auch, daß von den beiden in Relation gesetzten jede zu sich selbst in Relation steht: $\dfrac{1\,\text{int}}{1\,\text{int}}$ und $\dfrac{1\,\text{int}^n}{1\,\text{int}^n}$, wobei wie immer der Exponent 1 (die Ordnung 1) nicht eigens angeschrieben wird.

Es reduziert sich sodann die Aufgabe, die Metamorphosen einer metalogischen Aussage anzugeben, wenn die beiden int-Einheiten aus ihren Bereichen verschwinden, auf die Aufgabe, ihren Differentialquotienten zu bestimmen, indem man im Zähler wie Nenner die Ableitungen nach ψi bildet.

Der Differentialquotient gibt demnach an, in was sich die Relation zweier int-Größen, zweier Denkinbegriffe also, verwandelt, wenn diese beiden aus ihren Bereichen verschwinden. Wir nennen diese Operation, und ebenso die inverse Integration, einen **Bereichsübergang**.

Fügen wir noch die Aussage hinzu, daß die in Relation stehenden verschiedenen int-Größen des betreffenden Aussagenkreises im gewöhnlichen mathematischen Sinne gleich sind (Kategorie der Quantität, sodaß nunmehr alle drei Kategorien berücksichtigt sind), d. h. daß $\dfrac{1\,\text{int}}{1\,\text{int}} \left[= \dfrac{1\,\text{int}^n}{1\,\text{int}^n} \right] = \dfrac{1\,\text{int}^n}{1\,\text{int}}$, so gehen diese Gleichungsreihen beim Bereichsübergang in widerspruchsvolle Gleichungen über, d. h. es wird $\dfrac{d\,(1\,\text{int})}{d\,(1\,\text{int})} \left[= \dfrac{d\,(1\,\text{int}^n)}{d\,(1\,\text{int}^n)} \right] = \dfrac{d\,(1\,\text{int}^n)}{d\,(1\,\text{int}\ \ )}$; $1\,\text{int}^0 = 1\,\text{ext} = n \cdot (1\,\text{int}^{n-1})$;

oder, da in der Metalogik mit ext-Zahlen wie n (Größen des 0ten Bereichs) in normaler Weise verfahren werden kann: $\left(\dfrac{1}{n}\right)$ ext $= 1$ int^{n-1}.
Das ist aber unsere widerspruchsvolle Ausgangsgleichung.

Ebenso wie man die Nebenwurzeln $e^{\psi i} = 1 [= \cos 2k\pi + i \sin 2k\pi]$ zur Konstruktion der intensiven Einheit 1 int benutzt, kann man auch bei Benutzung einer analogen formalistischen Schlußweise

$$e^{\psi i} = e^{ai + 2i\pi\mu} = e^{ai} \cdot 1^\mu = e^{ai} = \cos a + i \sin a$$

(a eine beliebige Konstante, μ = variabel) auch die Nebenwurzeln $e^{\psi i} = \cos(a + 2k\pi) + i \sin(a + 2k\pi)$ zur intensiven Einheit $(\cos a + i \sin a)$ int erklären, und sie zur Grundlage eines int-Systems machen, das in der komplexen Ebene liegt, und als (reelle) ext-Zahlen Relationen ebenfalls komplexen int-Größen:

$$\frac{1}{m} \frac{(\cos a + i \sin a) \text{ int}}{(\cos a + i \sin a) \text{ int}} = \frac{1}{m} (\cos a + i \sin a) \text{ int}^0 = \left(\frac{1}{m}\right) \text{ ext hat.}$$

Noch allgemeiner lassen sich Nebenlösungen angeben dergestalt, daß $e^{\psi i} = e^{\varphi i + 2\pi i \cdot \lambda} = e^{\varphi i} \cdot 1^\lambda = e^{\varphi i}$ wobei φ, λ Variable im gewöhnlichen Sinne sind; $e^{\varphi i}$ durchläuft dann die Werte $\cos \varphi + i \sin \varphi$ in der bekannten Weise. Die verschiedenen Einzelwerte von $e^{\varphi i}$ können dann natürlich nicht gleichgesetzt werden; dagegen lassen sich immer Funktionen $e^{\psi i} = e^{\vartheta i + 2\pi i \cdot \eta} = e^{\vartheta i} \cdot 1^\eta = e^{\vartheta i}$ angeben, für die die Gleichsetzung $e^{\varphi i} = e^{\vartheta i}$ nicht bloß die triviale (widerspruchsfreie) Bedeutung $\vartheta = \varphi + 2k\pi$ hat. Wir bezeichnen diese im zwiefachen Sinn variable Einheit als die allgemeine Einheit: $(e^{\varphi i})$ int $= (\cos \varphi + i \sin \varphi)$ int; diese Einheit bewegt sich in bekannter Weise in der komplexen Ebene auf einem Kreise mit dem Radius 1; die zugehörigen (wieder reellen) ext-Zahlen stellen Relationen zwischen variablen int-Zahlen desselben Bereichs dar

$$\frac{1}{m} \frac{(\cos \varphi + i \sin \varphi) \text{ int}}{(\cos \varphi + i \sin \varphi) \text{ int}} = \frac{1}{m}(\cos \varphi + i \sin \varphi) \text{ int}^0 = \frac{1}{m} \text{ ext.}$$

Auf die ext-Einheiten einzugehen, erübrigt sich im Rahmen dieser Abhandlung. Wir haben es hier nur mit den int-Größen selbst zu tun, genauer mit deren Verwandlungen, die durch ihre Differentialquotienten auf der rechten Seite ausgedrückt werden, bzw. durch die entsprechenden umkehrenden Integrationen. Man sieht, daß dabei eigentliche widerspruchsvolle Aussagen nicht auftreten; die infinitesimalen Operationen zeigen lediglich die Metamorphosen der int-Größen beim Bereichsübergang an. Wir bedienen uns dabei der allgemeineren, in der komplexen Ebene rotierenden intensiven Einheit $e^{\varphi i}$ int und untersuchen den speziellen Fall eines „Dimensionsübergangs", d. h. das Integral $\int e^{\varphi i} \text{int}^{-1} d\left(e^{\varphi i}\right)$ int. Da φ rechnerisch eine durchaus normale Variable ist und von der Gleichsetzung $e^{\varphi i} = e^{\vartheta i}$ kein Gebrauch gemacht wird, verhält rechnerisch sich alles so, wie bei der Operation $\int e^{-\varphi i} d\left(e^{\varphi i}\right) = \int \frac{dw}{w}$ der gewöhnlichen Mathematik. Wir lassen daher die Bezeichnung int überhaupt weg.

Die Ausführung der Integration ergibt (bei Unterdrückung von Integrationskonstanten) $\int \frac{dw}{w} = \log w = \varphi i$.

Die intensive Einheit $\frac{1}{e^{\varphi i}}$ geht also bei diesem Bereichsübergang in eine Nicht-Einheit über, die die Form einer Extensivgröße hat. Setzt man spezielle Werte $\varphi = 2k\pi$; $(k = 0, \pm 1, \pm 2, \ldots \pm n)$ so ergibt sich, daß die reelle intensive Einheit $e^{-2k\pi i} = 1^{-k}$ in eine imaginäre Größe $2k\pi i$ übergeht, die, in der Ausdrucksweise ihres geometrischen Spiegelbildes, senkrecht zu ihr steht, die Form eines Logarithmus hat, und deren Betrag $2k\pi$ zum Betrag 1 der ursprünglichen Einheit in einem ganz bestimmten Größenverhältnis steht. Wir nennen daher den Bereichsübergang: $\int \frac{d\left(e^{\varphi i}\right) \text{int}}{e^{\varphi i} \text{int}} = \varphi i$ einen D i m e n s i o n s ü b e r g a n g ; die allgemeine in der komplexen Ebene rotierende Einheit $e^{-\varphi i} = \cos \varphi - i \sin \varphi$ verwandelt sich beim Dimensionsübergang in die längs der einen imaginären Achse fortschreitende Größe φi.

Die Umkehrung der Beziehung
$$\int \frac{dw}{w} = \log w \qquad (w = e^{\varphi i}) \text{ ist}$$

(2) $\qquad \dfrac{d \log w}{dw} = \dfrac{1}{w}$ oder in einer leichten Verallgemeinerung, wenn k eine beliebige Konstante ist:

(2a) $$\frac{d \log w}{d(w^k)} = \frac{1}{w} w^{-k}$$

was zum Ausdruck bringt, daß die intensive Größe log w nach der intensiven Einheit des k-ten Bereichs (von der Ordnung k) abgeleitet wird. k selbst soll also zunächst eine reine Zahl sein, der Fall, daß es eine int-Größe ist, wird hier nicht betrachtet. Die Substitution: $w^k = v$; $w = v^{\frac{1}{k}}$ durch die der obige Ausdruck zu bestimmen ist, ist dabei in Übereinstimmung mit der auf S 6 für den metalogischen Kalkül als alleingültig geforderten Form: Relation $= \frac{\text{Funktion}}{\text{Argument}}$; wir haben uns daher dieser, der Metalogik eigentlichen Schreibweise zu bedienen:

$$\frac{d \log v^{\frac{1}{k}}}{d v} = \frac{1}{k} \cdot \frac{1}{v} = \frac{1}{k} w^{-k}. \tag{2a}$$

Den symbolischen Ausdruck $\frac{d}{dv} = \frac{d}{de^{\varphi i}}$ nennen wir den metalogischen Operator; durch die Operation $\frac{d}{dv}$ geht $\varphi i = \frac{1}{k} \log v$ über in $\frac{1}{k} v^{-1} = \frac{1}{k} e^{-k \varphi i}$.[1]

Man erkennt leicht, daß der Ausdruck (2) und ebenso 2a) die reziproke Form zu dem Ausdruck (0). $\frac{d(e^{\varphi i})}{d \varphi i} = e^{\varphi i}$ ist, bzw. zu einem analogen (0a): $\frac{d e^{k \varphi i}}{d \varphi i} = k e^{k \varphi i}$. Die Ausdeutung der Beziehungen (2), (2a) und (0), (0a) auf die verschiedenen raum-zeitlichen Inhalte ergibt wichtige physikalische Eigenschaften des metalogischen Kontinuums.

---

[1] Da die metalogischen Bereichs- und Dimensionsübergänge Beziehungen zwischen verschiedenen Qualitäten festsetzen, hat auch der Exponent in dem Ausdruck $e^{\varphi i}$ eine andere Qualität als dieser selbst. Man kann, um dem eine gewohntere Form zu geben, dies auch dadurch ausdrücken, daß man $\varphi i = \Phi$ in den qualitativen [Dimensions-] und den quantitativen {Zahlen-}Anteil zerlegt: $\Phi = [\Phi] \cdot \{\Phi\}$ und ebenso auch $F = [F] \cdot \{F\} =$

$$e^{\Phi} = [F] \cdot \{e^{\Phi}\} = [F] \cdot e^{\{\Phi\}} = [F] \cdot e^{\frac{1}{[\Phi]} \cdot \Phi}.$$

Dadurch erhalten die metalogischen Ausdrücke automatisch die von der Dimensionenlehre geforderte Form, die darum auch im Folgenden nicht eigens angeschrieben wird.

II. METALOGISCHER RAUM

A) GRAVITATION

1. EINDIMENSIONALER RAUM (FALL-RAUM)

Hat $\log w = ti = T$; $t = -Ti$ die Bedeutung von metalogischer Zeit (in einer geeigneten Maßeinheit[2] gemessen), so geht $\frac{1}{k} w^{-k}$ über in

$$\frac{1}{k} e^{-kti} = \frac{1}{k} e^{-kT} = \frac{1}{k}(\cos kt - i \sin kt) = \frac{1}{k}(\cos kT - \sin kT) = \frac{1}{kZ}$$

Mit großen Anfangsbuchstaben bezeichnen wir hier die hyperbolischen Funktionen, ebenso Konstante, die aus solchen entstehen. Dementstrechend setzen wir statt des Zeichens φi das Zeichen $ti = T$. Bezeichnen wir $\cos kt = \cos kT$ mit a bzw. A; $i \sin kt = \sin kT$ mit ib bzw. B, so bedeutet dies in der Ausdrucksweise der Metalogik, daß durch die Operation $\frac{d}{d e^{kti}}$ des Dimensionsübergangs die (längs der imaginären Achse) einfach ausgedehnte Zeit-Mannigfaltigkeit in eine zweifach ausgedehnte Mannigfaltigkeit übergeführt wird, welche die Koordinaten

$$a = \cos kt = A = \cos kT; \quad ib = i \sin kt = B = \sin kT$$

besitzt. Es verwandeln sich also die Zeitvorstellungen hier (oberhalb der Zeit) nach den Überlegungen des allgeeminen Teiles (S. 36) in solche des Raums, bzw. des R a u m - Z e i t - K o n t i n u u m s. Der reelle und der imaginäre Teil stehen senkrecht aufeinander; $B = \sin kT = bi$ fällt wieder in die Richtung der ursprünglichen Zeit $ti = T$ und hat darum Zeit-Charakter; $A = \cos kT = a$ wird reell und hat die Bedeutung einer senkrecht dazu stehenden Ordinate eines eindimensionalen Raums. Es ergibt sich daraus die von den Relativitätsphysikern willkürlich bzw. zweckhaft vorweggenommene Auffassung, die Zeit als Imaginäre rechtwinklig zu den Raumdimensionen zu setzen, als eine von der metalogischen Theorie geforderte Beziehung.

---

[2] Als Maßeinheit der Zeit erweist sich im weiteren Verlauf die in der Relativitätsphysik übliche als die geeignetste, für die die Lichtgeschwindigkeit im gravitationslosen Raum $= 1$ wird.

Zwischen dem zeitlichen und dem räumlichen Bestandteil bestehen die Relationen: A : B = Cos kT : Sin kT = Cotg kT; A = B · Cotg kT. Sie sind verwirklicht im sogenannten Fall-Raum. Beschreibt man nämlich die Bewegung eines frei fallenden Körpers (X'Y'Z'T') in einem Raum-Zeit-System XYZT durch die umgekehrte Bewegung des gesamten Raum-Zeit-Systems (XYZT) im System X'Y'Z'T', so wird man nach den Überlegungen H. A. Lorentz über das Äquivalenzprinzip[3] zu den „Transformatoren"

$$A = \frac{1}{2}\left(e^{kT} + e^{-kT}\right)$$

$$B = \frac{1}{2}\left(e^{kT} - e^{-kT}\right)$$

geführt, welche die Z-Koordinate des ungestrichenen Systems in die des gestrichenen überführten: $AZ = Z'$; $BZ = cT'$ (c-konst. Lichtgeschwindigkeit).

Es ist aber

$$\frac{1}{2}\left(e^{kT} + e^{-kT}\right) = \text{Cos } kT = \cos kt$$

$$\frac{1}{2}\left(e^{kT} - e^{-kT}\right) = \text{Sin } kT = i \sin kt,$$

oder $Z' : cT' = \text{Cos } kT : \text{Sin } kT$; $Z' = cT' \text{ Cotg } kT$; $cT' = Z' \text{ Tg } kT$,

Beziehungen, die mit den vorigen bis auf die Größe Z übereinstimmen, über die jedoch der folgende Abschnitt Aufschluß geben wird.

Für einen eindimensionalen (Z-) Raum vereinfachen sich ferner die Grundgleichungen, die die Ankunft des Lichtsignals bestimmen (a. a. O. S. 50):

$$dX'^2 + dY'^2 + dZ'^2 - c^2 dT'^2 = dX^2 + dY^2 + dZ^2 - \varsigma^2 dT^2 = 0$$

zu: $dZ'^2 - c^2 dT'^2 = dZ^2 - \varsigma^2 dT^2 = 0$,

worin ç die (im Gegensatz zu c) variable, unmittelbar nur von Z abhängige Lichtgeschwindigkeit bedeutet. Aus der Relation:

---

[3] Das Relativitätsprinzip. Teubner 1914. SS. 36, 50. Um nicht mit unserer eigenen Bezeichnungsweise in Kollision zu kommen, schreiben wir unter Vertauschung des gestrichenen Systems gegen das ungestrichene statt der Lorentzschen a, b; xyst; x'y'z't' große Buchstaben. Ferner lassen wir in $Z-Z_0$ die Konstante Z_0 als entbehrlich weg. Außerdem ist anzumerken, daß hier eine Vektor-Darstellung vorliegt.

$$\left[\frac{\partial (Z \cos kT)}{\partial T}\right]^2 - \left[\frac{\partial (Z \sin kT)}{\partial T}\right]^2 = -\varsigma^2 \quad \text{(a. a. O. S 51 [33])}$$

$= k^2 Z^2 (\sin^2 kT - \cos^2 kT) = -k^2 Z^2$, in Übereinstimmung mit S 37 (84): $\varsigma = kZ$, ermittelt sich aus

$$dZ^2 = \varsigma^2 \, dT^2; \quad dZ = \pm kZ \, dT \text{ oder}$$

$$Z = e^{\pm kT} = \cos kT \pm \sin kT = \frac{1}{k}\varsigma,$$

was bei Wahl des geeigneten Vorzeichens bis auf die Konstante $\frac{1}{k}$ mit unserer durch Dimensionsübergang gewonnenen Beziehung

$$\frac{1}{k} w^{-k} = \frac{1}{k} e^{-kT} = \frac{1}{k}(\cos kT - \sin kT) = \frac{1}{k} \cdot Z^{-1}$$

übereinstimmt.

Das Äquivalenzprinzip setzt mithin zwischen der T und Z Koordinate des Fall-Raums Größenbeziehungen der obenstehenden Art fest; auf analoge Beziehungen führt die metalogische Theorie beim Dimensionsübergang.

Die Größen Z', T' des gestrichenen, mit dem frei fallenden Körper fest verbundenen, also „ruhenden" Systems, relativ zu dem die beschleunigte Bewegung des ungestrichenen Systems erfolgt, müssen dann, damit auch $dZ'^2 - c^2 dT'^2 = 0$ die Bedingungen:
$Z' = Z \cos kT$; $cT' = Z \sin kT$ erfüllen.

Die Beschleunigung des Systems (Z) in Z'T'), d. i. die Beschleunigung des freien Falls ist dann (für den Moment 0)

$$g = \left(\frac{d^2 Z'}{dT'^2}\right)_{T'=0} = \frac{c^2}{Z} \text{ (Lorentz a. a. O. S. 37 [81])}$$

2. EINDIMENSIONALER RAUM (Fortsetzung)
DIE IDENTITÄTSFUNKTION

Die zu Ende des vorigen Abschnitts herangezogene Anleihe aus der Physik $dZ'^2 - c^2 d T'^2 = 0$, die aus dem Postulat übernommen ist, daß die Punkte gleicher Lichtankunft, wenigstens im Unendlich-kleinen, auf einer Kugelfläche liegen sollen, läßt sich auch rein auf metalogischem Wege gewinnen.

Man kann den metalogischen Operator, in Verallgemeinerung des obigen Verfahrens, auf beliebige Funktionen $\varphi(T)$ der Zeit anwenden.

Als elementarste unter ihnen haben wir zweifellos jene anzusehen, die ich die „I d e n t i t ä t s f u n k t i o n" nennen möchte: $\varphi(T) = 0$; sie sagt aus, daß die Zeit, wie jede Größe und überhaupt jedes Ding, sich selbst gleich ist: $T = T$ oder $T - T = 0 = \varphi(T)$.

Wie aus den folgenden Entwicklungen ersichtlich wird, tritt die Identitätsfunktion für den Grundsatz der „Erhaltung der Welt" ein, den klassischen Sätzen von der Erhaltung der Materie und der Energie entsprechend: — sie ist sich selbst gleich —; ferner übernimmt sie auch die Rolle gewisser Variationsprinzipe der klassischen wie der relativistischen Mechanik.

Letzteres ist sofort zu sehen an dem oben herangezogenen Postulat, das im wesentlichen dem Fermatschen Prinzip der kürzesten Lichtzeit, genauer dem Heronschen des kürzesten Lichtwegs, äquivalent ist: der kürzeste Lichtweg nach allen Richtungen ist, unter euklidischen Voraussetzungen, natürlich der Kugelradius. Üben wir nämlich den metalogischen Operator $\dfrac{d}{d\,e^{k\varphi i}}$ auf die Identitätsfunktion $\varphi(T) = T - T = ti - ti = 0$ aus, so ergibt sich

$$(ti - ti) \rightarrow \frac{d(t-t)i}{d\,e^{k(t-t)i}} = \frac{d(T-T)}{d\,e^{k(T-T)}} = \frac{1}{k} e^{-k(T-T)} = F(T-T)$$

Von der Legitimität dieser Operationen überzeugt man sich leicht, indem man zunächst $\varphi(T) = T_1 - T_2$ setzt und dann zum $\lim_{T_1 = T_2} F(T_1 - T_2)$ übergeht. Dann ergibt sich durch Umformung

$$\frac{1}{k} e^{-k(T-T)} = \frac{1}{k} e^{-kT} \cdot e^{+kT} = \frac{1}{k}\left[e^{kT} \operatorname{Cos} kT - e^{kT} \operatorname{Sin} kT \right]$$

$$\text{bzw.} = \frac{1}{k}\left[e^{kti} \cos kt - i\, e^{kti} \sin kt \right]$$

An der komplex geschriebenen Form sieht man wieder die Verteilung auf Raum- und Zeit-Komponenten. In der reellen Form ist aber nach der Bezeichnungsweise des vorigen Paragraphen

$$\operatorname{Cos} kT = A;\ \operatorname{Sin} kT = B;\ e^{-kT} = Z^{-1} = A - B,$$

also $\dfrac{1}{k}\left[ZA - ZB \right] = \dfrac{1}{k}\left[Z' - cT' \right]$ und daraus durch Differenzierung

$$\frac{1}{k}\left[d Z' - d c T' \right] = 0 = \frac{1}{k}\left[d(AZ) - d(BZ) \right] =$$

$$\frac{1}{k}\Big[(k\,B\,Z\,dT + k\,Z\,A\,dT) - (k\,A\,Z\,dT + k\,Z\,B\,dT)\Big] =$$

$$\frac{1}{k}\Big[Z\,dZ - Z\,k\,Z\,dT\Big] = \frac{1}{k}\Big[dZ - k\,Z\,dT\Big] = 0,$$

bzw. (antigredient) $= \frac{1}{k}\Big[d\left(\frac{1}{Z}\right) + k\left(\frac{1}{Z}\right)dT\Big] = 0$

oder (da k Z = ç und c = konst) durch (skalare) Quadrierung:

$$\frac{1}{k^2}\Big[dZ'^2 - c^2\,dT'^2\Big] = \frac{1}{k^2}\Big[dZ^2 - ç^2\,dT^2\Big] = 0; \text{ ferner noch}$$

$$\frac{1}{k}\Big[Z' - cT'\Big] + \text{konst.} = \frac{1}{k}\Big[Z - Z\Big] + \text{konst.} = \text{konst.}$$

Die Raumkomponente und die Zeitkomponente des ungestrichenen Raum-Zeit-Systems (Z, ç T) wie die des gestrichenen (Z', cT') stehen somit in der Differentialbeziehung, die aus dem Äquivalenzprinzip für einen eindimensionalen Raum gefordert wird, und in die dort das Postulat der Orte gleicher Lichtankunft übergeht. Der eindimensionale Raum, als Vorstufe sozusagen der reinen Anschauungsform a priori, hat die Eigenschaften eines entsprechenden physischen Raums, dessen durch die Transformatoren A, B regulierte Bewegungen denen von materiellen Punkten äquivalent sind, wie sie unter Einwirkung eines linearen Schwerefeldes (Fall-Feldes) vor sich gehen.

Die in dieser Raum-Zeit gültigen Geometrien kann man veranschaulichen analog der Minkowskischen Interpretation der speziellen Relativitätstheorie in sinngemäßer Übertragung. Der reellen Form entsprechen Scherentransformationen (sie gleichen einer auf- und zuklappenden Schere) längs Hyperbelästen bei nicht euklidischer Geometrie; der komplexen dagegen Rotationen des Achsenkreuzes um einen imaginären (Zeit-)Winkel (im Bogenmaß gemessen) bei euklidischer bzw. quasi-euklidischer Geometrie. Doch gelten diese Veranschaulichungen nur im Unendlich Kleinen.

Eine Verallgemeinerung des Fall-Raums ergibt sich, wenn man berücksichtigt, daß zu ti bzw. T (entsprechend auch im Operator!) eine additive (Integrations-)konstante K treten kann. Ersetzung von kT durch kT + kK führt dann auf

$$\frac{1}{k}e^{-k(T+K)} = \frac{1}{k}\Big[(A-B)(A_0-B_0)\Big] = \frac{1}{k}\Big[(a-ib)(a_0-ib_0)\Big]$$

$$= \frac{1}{k}\Big[\{a_0\, a - b_0\, b\} - i\{a_0\, b - b_0\, a\}\Big].$$

Der Index 0 zeigt in ohne weiteres verständlicher Weise die aus dem Argument kK hervorgehenden Konstanten an. Aus $a_0 = A_0$; $b_0 = -iB_0$ kann man sehen, daß innerhalb der geschweiften Klammern der gleiche Tatbestand vorliegt wie oben in der (Z, T)- bzw. (z, it)-Ebene; nur treten diesmal die hyperbolischen Ausdrücke komplex auf und die trigonometrischen reell. Auf der reellen Seite (in der rein trigonometrischen Form) stehen wieder zwei Dimensionen aufeinander senkrecht, ebenso auf der imaginären, der Zeit-Seite. Die Ausdrücke in den geschweiften Klammern stellen Ellipsen bzw. in umgekehrter Schreibweise Hyperbeln dar, beide auf den Mittelpunkt bezogen. Es ist darum angebracht, die lineare Dimension kZ bzw. $\frac{1}{kZ}$ im allgemeineren Falle durch den Radiusvektor R = ir bzw. $\frac{1}{R} = \frac{1}{ri}$ zu ersetzen, wobei

$$R = k\, e^{k(T+K)}$$

Mit Hilfe geeigneter Transformationen, kann man von den Mittelpunktsgleichungen für die obengenannten Kegelschnitte zu ihren Brennpunktsgleichungen übergehen, dabei erhält man statt Z etc. den Radiusvektor in der entsprechenden Form $R_F = \eta(R)$ etc. in vektorieller Schreibweise.

3. DER DYNAMISCHE CHARAKTER DES METALOGISCHEN RAUMS

Die (der Lichtgeschwindigkeit entsprechende) Konstante c ist hier eingeführt worden, weil das Verhältnis der Maßstäbe, mit denen Raum und Zeit gemessen wird, willkürlich gewählt werden kann. Als Ableitung der Raumgröße Z' nach der Zeit T' hat sie für die metalogische Raumbetrachtung die Bedeutung der Geschwindigkeit, mit der sich ein Raumzustand in dem System Z', T' ausbreitet. Insofern die Zeit als reine Anschauungsform veränderlich (dynamisch) ist, d. h. als von Vergangenheit nach Zukunft fortschreitend gedacht wird, ist auch der Raum als reine Anschauung veränderlicher, d. h. dynamischer Natur. Umgekehrt könnte man, in einer Übertragung aus der Vektorsprache, $\frac{1}{c} = \frac{dT'}{dZ'}$ das Gefälle der Zeit nennen. Das Argument

T, das in den Ausdrücken für den Fall-Raum auftritt, hat die Bedeutung von Zeit; man könnte also diese als „Ursache" der Dynamik des Raums ansprechen. In diesem Sinne könnte man von einer „Zeitkraft" reden.

Die dynamische Rolle, die die Zeit im eindimensionalen Raum der Metalogik spielt, erhellt auch aus Folgendem. Aus den im vorigen Abschnitt formulierten Beziehungen zwischen Z,Z′,T,T′, folgt als Beschleunigung g des Systems (Z,T) im System (Z′,T′) für den Moment 0 (wir können hier ganz der Darstellung Lorentz, a. a. O. S. 37, folgen)

$$g = \left(\frac{d^2 Z'}{dT'^2}\right)_{T'=0} = \frac{c^2}{Z} = c^2 \, e^{-kT}.$$

Als Fall-Potential (Gravitationspotential im eindimensionalen Raum) ergibt sich wie immer der negative Wert der Kraft-Funktion:

$$P = -F = -m_0 \int g \, \partial Z = -m_0 \int \frac{c^2}{Z} dZ = -m_0 \, (c^2 \log Z + \text{Konst})$$
$$= -m_0 \, (c^2 \, kT + \text{Konst}), \text{ wo } m_0 = \text{(Ruh-) masse}.$$

Die Zeit T übernimmt also die Rolle eines Gravitationspotentials. Aus $g = \frac{c^2}{Z}$ sieht man ferner, daß g weder eine gleichförmige Beschleunigung anzeigt, noch daß es in allen Höhen den gleichen Wert besitzt. In Entfernungen Z, die von der Größenordnung $Z_0 = \frac{c^2}{k}$ sind, soll g den Zahlenwert $\{g_0\}$ (bezogen auf die mittlere Dichte etc.) der Gravitationskonstante k besitzen, habe also in der Entfernung kZ_0 den Wert $\left\{\frac{g_0}{k}\right\} = \left\{\frac{k}{k}\right\}$. Nach dem Muster der klassischen Theorie ist dann das entsprechende Fall-Potential: $P_{kl} = -m_0 \left(\frac{g_0}{k} Z + \text{Konst}\right)$. Das kommt mit der relativistischen Formel (oben) zur näherungsweisen Übereinstimmung, wenn kT sehr klein ist. Dann ist nämlich

$$\left\{-\frac{1}{m_0} \frac{dP_{kl}}{dZ}\right\} = \left\{\frac{d\left(\frac{g_0}{k} Z + \text{Konst}\right)}{dZ}\right\} = \left\{\frac{g_0}{k}\right\} \text{ gleichzusetzen}$$

$$\left\{-\frac{1}{m_0} \frac{dP_{rel}}{dZ}\right\} = \left\{\frac{d(c^2 \, kT + \text{Konst})}{dZ}\right\} = \left\{\frac{c^2}{Z}\right\} \sim \left\{\frac{c^2}{1+kT}\right\} \sim \{c^2\}, \text{ und}$$

$$\text{daraus } \{k\} = \left\{\frac{k}{c^2}\right\}.$$

Der zugehörige Zahlenwert $\{kZ_0\}$ ergibt sich aus

$$\left\{\frac{k}{k}\right\} = \left\{\frac{c^2}{kZ_0}\right\}; \quad \{kZ_0\} = \left\{\frac{c^2}{k}k\right\} = 1.$$

Multipliziert mit der felderzeugenden Masse m_0 spielt, in gehöriger Dimensionierung (Länge!), die Konstante $\dfrac{k}{c^2}$ in der Relativitätsphysik die Rolle des Gravitationsradius $m = \dfrac{m_0 k}{c^2}$ der Masse m_0.

Die dynamische Konstitution des metalogischen Raums, die sich darin äußert, daß gewisse Größen sich physikalisch als „Kräfte" manifestieren, wird durch eine andere Überlegung illustriert. In der hermiteschen Einheitsform

$$\frac{1}{k} e^{kT} \cdot e^{-Tk} = \frac{1}{k} e^{kti} e^{-kti} = \frac{1}{k} (\cos kt + i \sin kt)(\cos kt - i \sin kt)$$

kann man den konjugierten Faktor (oder nach Belieben auch umgekehrt) als Vektor in einem d u a l e n Raum ansehen.[4] Bedeutet nun ein kontravarianter Vektor im eigentlichen („realen") Raum eine Verschiebung, so bedeutet ein kovarianter Vektor im dualen Raum eine Kraft,[5] und wir können als Definition des Kraftvektors ansehen, daß er, um einen kurzen Ausdruck zu haben, zu dem Verschiebungsvektor antigredient transformiert. Diese formalistische Definition der Kraft erfährt von metalogischer Seite eine Erläuterung. Wir können uns nämlich die Identitätsfunktion $T - T$ durch einen analogen metalogischen Prozeß, gleichsam um ein Stockwerk höher, aus einem „Potential" $k_0 \Omega - k_0 \Omega$ (um einen Namen zu haben) entstanden denken, wie oben die Relation $\dfrac{1}{k}(Z - Z) +$ konst. aus dem Zeitpotential $T - T$. Die Zeit erscheint dann selbst als analog gebautes Kontinuum von zwei Dimensionen; das zweite T, in ebenderselben Weise aus $k_0 T d\Omega = k_0 e^{k_0 \Omega} d\Omega = d e^{k_0 \Omega}$ durch Integration hervorgegangen wie das zweite Z aus $kZ dT$, stellt nach den Ausführungen des allgemeinen Teils, ebenso wie Ω selbst, die Empfindungskomponente der Zeit dar („was einen Zeitmoment erfüllt, ist Empfindung") bzw. die Komponente der absoluten Kraft (reiner Veränderung an sich). Vgl. den allgemeinen Teil S. 42, Fußnote.

---

[4] H. Weyl, Gruppentheorie und Quantenmechanik, Kap. I, §§ 3, 4.
[5] H. Weyl, Raum, Zeit, Materie, Kap. I, § 5.

Je nachdem man nun in dem Produkt $e^{kT} e^{-kT}$ den ersten oder den zweiten Faktor als „Vektor" ansieht, während man den andern in die „Transformatoren" A, B zerlegt, bezieht es sich auf den realen oder den dualen Raum und hat entsprechend die Bedeutung einer Verschiebung oder einer Kraft.

Im Begriffe der Zeit steckt, wie auch in dem des Raums, bereits der der Kraft an sich, d. h. Dynamik an sich. Sie sind nicht leere Schemata, sondern mit Physik geladen. Durch die metalogische Analyse wird eine ganz eigentümlich konsequente und formschöne und dabei sehr „reale" Architektur der reinen Anschauungsformen ersichtlich.

4. METALOGISCHE STATISCHE SCHWERE-EBENE

Dieselbe metalogische Begriffsverwandlungsoperation $\dfrac{d}{d\,e^{kqi}}$, die von dem Zeitinbegriff ti auf den Raum-Zeit-Inbegriff $\dfrac{1}{k} e^{-kti} = \dfrac{1}{kZ}$ geführt hat, können wir offenbar auch auf diesen letzteren ausüben. Um im Bilde des Abreißblocks zu bleiben: wir vollziehen den Prozeß, der von den Blättern des Blocks bei Durchlaufung in einer Richtung auf deren Fasern geführt hat, in umgekehrter Richtung, gehen also von den Linien zu den Ebenen. Es ergeben sich dabei analytische Eigenschaften, die wir nun untersuchen wollen.

Die Formeln des Abschnitts 1 lassen sich gleichlautend übernehmen: statt des Arguments kt tritt das Argument $\dfrac{k_1}{kZ} = \dfrac{k_1}{k} e^{-kT} = \dfrac{k_1}{k} e^{-kti}$, wenn k_1 hier die dem k von vorhin entsprechende willkürliche Konstante ist; es ist selber in zwei Dimensionen ausgedehnt:

$$\frac{k_1}{k} Z^{-1} = \frac{k_1}{k}(A - B) = -i\frac{\lambda_1}{k}(\cos kt - i \sin kt),$$

wobei die imaginäre Konstante $i k_n = \lambda_n$ durch auf den Kopfstellen des Buchstabens ausgedrückt wird.

Am leichtesten läßt sich der Anschluß an die Relativitätsphysik und damit an die Erfahrung gewinnen, indem wir, analog dem Abschnitt 2 den metalogischen Operator auf die Identitätsfunktion anwenden, d. h.

$\frac{1}{kZ} - \frac{1}{kZ}$ oder auch $\frac{1}{k}Z - \frac{1}{k}Z$, allgemeiner $\Phi(kZ) - \Phi(kZ)$ der Begriffsverwandlung unterwerfen (Φ =Funktionen der räumlichen Entfernung (Z)). Man hat nur die Bezeichnungen von Abschnitt 2) sinngemäß auszuwechseln;

$$\lambda_1 \Phi \text{ für kT}; \qquad e^{\lambda_1 \Phi} = \frac{1}{f} \text{ für Z},$$

dann ergibt sich

$$\frac{1}{\lambda_1} e^{-\lambda_1(\Phi - \Phi)} = \frac{1}{\lambda_1} \left(e^{\lambda_1 \Phi} \cos \lambda_1 \Phi - e^{\lambda_1 \Phi} \sin \lambda_1 \Phi \right) = \frac{1}{\lambda_1} \left(\frac{1}{f} \cdot f \right) = \frac{1}{\lambda_1}$$

und die Differentialbeziehung

$$\frac{1}{\lambda_1} \left(d\left(\frac{1}{f}\right) - \frac{1}{f} d(\lambda_1 \Phi) \right) = 0 \text{ bzw. antigredient}$$

$\frac{1}{\lambda_1} \left(df + f d(\lambda_1 \Phi) \right) = 0$. Für $d(\lambda_1 \Phi) = d\frac{\lambda_1}{kZ}$ können wir wieder

setzen $\quad \frac{\lambda_1}{k} d\left(e^{-kT} \right) = -\lambda_1 e^{-kT} dT = -\lambda_1 \frac{1}{Z} dT$.

Gehen wir zur imaginären Schreibweise über durch die Substitution $\lambda_1 = ik_1$, so wird klar, daß wir es wieder mit Raum-Zeit-Feldern zu tun haben, in denen der imaginäre Teil (mit dT) in der Tat die Bedeutung von Zeit hat, der reelle (df) dagegen eine räumliche. Er sei in allgemeinster Weise mit $\lambda_1 d\sigma$ bezeichnet, wobei $d\sigma^2$ wie allgemein üblich durch $\sum_{\mu,\nu=1}^{3} g^*_{\mu\nu} dx_\mu dx_\nu$ definiert ist. ($g^*_{\mu\nu}$ = die Raumkomponenten des metrischen Fundamentaltensors g).

Für den Fall, daß $\lambda_1 \Phi = \frac{\lambda_1}{k} Z^{-1}$ hinreichend klein ist, läßt sich unter Vernachlässigung der höheren Potenzen schreiben

$$e^{-\frac{\lambda_1}{kZ}} = f \sim 1 - \frac{\lambda_1}{kZ}; \qquad \frac{k_1}{k} \cdot \frac{1}{Z} \sim i(f-1);$$

somit, wenn noch $k_1 = k$:

$$\frac{1}{\lambda_1} \left(f d\frac{\lambda_1}{kZ} + df \right) = \frac{1}{\lambda_1} \left(-f \lambda_1 Z^{-1} dT + \lambda_1 d\sigma \right) \sim$$

$$\sim -f(f-1)\,i\,dT + d\sigma = 0; \quad f^2\,i\,dT = f\,i\,dT + d\sigma.$$

Rechts steht wieder die imaginäre Zeitkomponente senkrecht auf der Raumkomponente dσ; links hat wegen

$$f \cdot (f\,dT) \sim f\left(1 - \frac{\lambda_1}{kZ}\right) dT = f\left(1 - \frac{i}{Z}\right) dT$$

dasselbe statt. Drücken wir das durch die Einheitsvektoren aus: $\bar{\mathfrak{r}}$ für dσ (Raumkomponente); $\bar{\mathfrak{z}}$ für i dT (Zeitkomponente); $\bar{\mathfrak{s}}$ für if^2 dT = i ds (Parameter), so ergibt das skalare Quadrat von $\bar{\mathfrak{s}}$ d s i = $\bar{\mathfrak{s}}\,f^2\,dT\,i$ = $\bar{\mathfrak{z}} f\,i\,dT + \bar{\mathfrak{r}}\,d\sigma$ nach Einführung des Parameters ds den Ausdruck $ds^2 = f^2 dT^2 - d\sigma^2$, der in der allgemeinen Relativitätstheorie die Bahn sowohl des Lichtstrahls wie des Massenpunkts bestimmt.[6] Es besteht lediglich der Unterschied, daß hier die Maßeinheit des Parameters — „bis auf eine willkürliche Maßeinheit ist s durch das Variationsprinzip selbst normiert" (Weyl R.Z.M. S. 196) — jeweils so gewählt auftritt, daß in der Beziehung $f^2 \dfrac{dT}{ds} = \dfrac{1}{E} =$ konst (ebenda S. 198) die Konstante 1 wird. Der Parameter s hat die Bedeutung der Eigenzeit; er führt (ebenso wie die Zeit dieser Stufe: $-\int f\,dT\,i = \int f\,dt$ wegen

$$= i\int e^{-x}\,dT = -\frac{i}{2\,\mathsf{K}_1}\int Z e^{-x} \cdot \frac{2\lambda_1}{kZ}\,d\,kT =$$

$$= -\frac{i}{2\lambda_1}\int Z e^{-x}\,d\left(\frac{2\lambda_1}{kZ}\right) = -\frac{i}{k}\int \frac{1}{x} e^{-x} \cdot dx = -\frac{i}{k}\int \frac{dy}{\log y}$$

$$\text{mit } x = \frac{2\lambda_1}{kZ}; \quad e^{-x} = y; \quad dx = -d(\log y) = -\frac{dy}{y}$$

und entsprechend, auf die Form des **Integrallogarithmus** (Logologarithmus). f spielt die Rolle der Lichtgeschwindigkeit. Schreibt man kZ in der Form ri (vgl. S. 77) und multipliziert sinn-

---

[6] Anders ausgedrückt heißt dies, daß im Komplexen als Quadrat des Betrages $\mathfrak{x}$ die hermitesche Einheitsform angesetzt wird: $\mathfrak{x}^2 = x_1\bar{x}_1 + x_2\bar{x}_2 + \ldots + x_n\bar{x}_n$, wobei der Strich die zu der komplexen Zahl x_n konjugierte anzeigt (Weyl, Gruppenmechanik, S. 15). Im Übrigen erhält man das obige Resultat auch durch die Überlegungen von SS. 90, 91, wenn man dort das elektrostatische Potential Ξ_0^* vernachlässigt.

gemäß $k = \frac{k}{c^2}$ mit der felderzeugenden Masse m_0, so wird $f \sim 1 - \frac{k i m_0}{c^2 \, i \, r}$

$= 1 - \frac{m}{r}$; $f^2 \sim 1 - \frac{2m}{r}$ (m = Gravitationsradius) von der Form, die die Lichtgeschwindigkeit im Spezialfall des kugelsymmetrischen Feldes annimmt, wenn man über die $g^*_{\mu\nu}$ geeignet verfügt. Für die metalogische Abteilung dieses Falles vgl. Abschnitt 5. Nach der Metalogik ist $d\sigma$ das in zwei Dimensionen ausgedehnte räumliche (Linien-) Element: $g^*_{\mu\nu} = \begin{cases} 1; & \mu = \nu \\ 0; & \mu \neq \nu \end{cases}$. Dann ist, weil wegen des Flächensatzes auf die Bahnebene transformiert werden kann, bei Vernachlässigung höherer Potenzen:

$$-\left(\frac{d\sigma}{dT}\right)^2 = -\left[\left(\frac{dx_1}{dT}\right)^2 + \left(\frac{dx_2}{dT}\right)^2\right] = \left(\frac{ds}{dT}\right)^2 - \left(\frac{f\,dT}{dT}\right)^2 \sim$$

$$\sim \left(1 - \frac{4m}{r}\right) - \left(1 - \frac{2m}{r}\right) = -\frac{2m}{r}.$$

Die Gestalt von σ, die sich unmittelbar hieraus errechnet, ist die eines Spezialfalles der Newtonschen Kegelschnittbahnen: die parabolische. Zur allgemeinen Form fehlt offenbar rechts noch eine Konstante. Sie läßt sich aber gewinnen, wenn man (in Konsequenz des Verfahrens von S. 76 auch zu $\frac{\lambda_1}{k\,Z}\left(\text{bzw } \frac{m}{r}\right)$ eine beliebige Konstante $\frac{\lambda_1}{k}K_1$ von entsprechender Größenordnung treten läßt:

$\frac{1}{Z} + K_1 = \frac{1}{\zeta}$ anstelle von $\frac{1}{Z}$

$e^{-\frac{\lambda_1}{k} \cdot \frac{1}{\zeta}} = \chi \sim f\left(1 - \frac{\lambda_1}{k}K_1\right)$ anstelle von f.

Wechselt man die früheren f in χ aus;

$\frac{1}{k} d \frac{1}{Z}$ aber in $\frac{1}{k} d \frac{1}{\zeta} = \frac{1}{k} d\left(\frac{1}{Z} + K_1\right) = \left(-\frac{1}{\zeta} + K_1\right) dT$,

so erhält man eine der früheren analog gebaute Gleichung, in der nur $\chi(\chi - (1-K_1))\,dTi$ anstelle von $f(f-1)\,dTi$

getreten ist (während natürlich sinngemäß jetzt $\frac{1}{\lambda_1} d\chi$ als $d\sigma$ bezeichnet wird). Die Weiterführung der Näherungsrechnung läßt dann neben dem Potentialglied eine Konstante stehen, die man, um die Bezeichnungsweise auf die übliche abzustimmen, als

$$\frac{m}{a} = \frac{\text{Grav.-Radius}}{\text{halbe gr. Achse}} \text{ zu interpretieren hat.}$$

Würde man in den Entwicklungen für f und χ bzw. $\frac{1}{f}$ und $\frac{1}{\chi}$ und deren Potenzen noch die quadratischen Glieder berücksichtigen, so führt die Nährungsrechnung auf ein Zusatzglied

$$\sim \left[\frac{16}{2} \left(\frac{\lambda_1}{k\zeta} \right)^2 - \frac{4}{2} \left(\frac{\lambda_1}{k\zeta} \right)^2 \right] = 6 \left(\frac{\lambda_1}{k\zeta} \right)^2 \text{ bzw. bei Buchstabenwechsel} \sim 6 \left(\frac{m}{r} \right)^2$$

Solche quadratische Zusatzglieder im Potential, beim Kraftgesetz also die entsprechenden von der dritten Potenz, bewirken Periheldrehungen vom gleichen Betrag, wie sie sich im folgenden Abschnitt für das kugelsymmetrische Feld (dort allerdings durch Zusatzglieder von der vierten Potenz bewirkt) ergeben. Doch scheinen die überschüssigen quadratischen Glieder elektromagnetischen Störungsgliedern zu identifizieren zu sein. Vgl. S. 70; dazu Hdb. d. Phys V 317, 615.

5. KUGELSYMMETRIE

Der Bahngleichung für das kugelsymmetrische Feld:

$$d\sigma^2 = f^2 dT^2 - ds^2, \text{ wo } d\sigma^2 = h^2 dx_1^2 + dx_2^2 + dx_3^2$$

läßt sich nach Weyl R. Z. M., S. 203 (durch Transformation auf die Bahnebene) auch die Form geben: $d\sigma^2 = h^2 dr^2 + r^2 d\varphi^2$. Formt man nochmals um durch Benutzung des Flächensatzes $r^2 \frac{d\varphi}{ds} = \beta = \text{konst}$ und Multiplikation mit $f^2 = \frac{1}{h^2}$, so kommt man, wenn man auf den Ausdruck zurückgeht, aus dem der obige durch skalare Quadratur entstanden ist, d. h. auf $d\sigma = -f \frac{m}{r} \cdot i\, dT$ (vgl. S. 81); $d\sigma^2 = f^2 \left(\frac{m}{r} \right)^2 dt^2$, zu der Beziehung $f^2 d\sigma^2 \left[= dr^2 + f^2 \frac{\beta^2}{r^2} ds^2 \right] = -\left(\frac{m}{r} \right)^2 \frac{1}{E^2} ds^2$.

Verglichen mit dem Ausdruck für den vorhin behandelten Fall (für den natürlich $r^2 \frac{d\varphi}{dT} = \beta =$ konst):

$$d\sigma^2 [= dr^2 + r^2 d\varphi^2] = dr^2 + \left(\frac{\beta}{r}\right)^2 dT^2 \sim f^2 dT^2 - ds^2 \sim -\left(\frac{m}{r}\right)^2 f^2 dT^2$$

$$\text{bzw. } dr^2 + f^2 \left(\frac{m}{r}\right)^2 dT^2 = -\left(\frac{\beta}{r}\right)^2 dT^2,$$

ergibt sich eine gleichlautende Struktur, wenn man, außer entsprechender Verfügung über die Konstanten β, E, m (k bzw. K_1) jeweils die Bedeutung der Zeichen für (kosmische) Zeit und Eigenzeit austauscht und im übrigen den metalogischen Kalkül wie bisher darauf ausübt.

Rücklaufend auf dem eben skizzierten Wege kommt man also von dem metalogischen Ansatz zu dem Ausdruck für das Raum-Zeit-Feld unter Wahrung der Kugelsymmetrie.

* *
*

Man kann ferner auch einen metalogischen Operator höherer Ordnung einführen, welcher diese in einzelnen Etappen vollzogenen Begriffsverwandlungen der 1., 2., 3. Stufe etc. in einem Zuge bewerkstelligt. Z. B.

$$\frac{d}{de^{i\frac{k_1}{k}e^{k\varphi i}}} = \frac{de^{k\varphi i}}{de^{i\frac{k_1}{k}e^{k\varphi i}}} \cdot \frac{d}{de^{k\varphi i}}. \text{ Also für } \varphi i = T;\ e^{kT} = Z:$$

$$\frac{dT}{de^{i\frac{k_1}{k}e^{+kT}}} = \frac{1}{kZ} \cdot \frac{k}{\lambda_1} e^{-\frac{\lambda_1}{k}}; \qquad \frac{dT}{de^{i\frac{k_1}{k}e^{-kT}}} = -\frac{1}{k} Z \frac{k}{ik_1} e^{-\frac{\lambda_1}{k} \cdot \frac{1}{Z}}$$

Diese Formen sind für spätere Anwendungen (Kugelwellen) von Interesse.

B. ELEKTROMAGNETISMUS UND MATERIE

Die Ausdrücke der vorigen Abschnitte, genauer genommen schon die reellen Formen der Abschnitte 1, 2 haben automatisch zu vektorieller Schreibweise geführt. Die Vektorsprache ist das adäquate Instrument zur Beschreibung von Beziehungen in einer mehr als eindimensionalen Mannigfaltigkeit. Ferner traten in den Symbolen f^2, h^2 (und ähnlich auch ς^2) Größen auf, deren Bedeutung sich als die von Komponenten des metrischen Tensors g herausstellte.

Wir haben daher den Kalkül mit der intensiven Einheit auf dieses allgemeinere arithmetische System zu erweitern: mit anderen Worten von den gewöhnlichen komplexen Zahlen zunächst zu Quaternionen, von der gewöhnlichen Analysis zur (vorerst drei-, später vier- und mehrdimensionalen) Vektor- und Tensoranalysis überzugehen.

Mit der Einbeziehung des Tensorkalküls in die Operationen der Metalogik gewinnt diese automatisch auch den Anschluß an die formale Theorie des Elektromagnetismus. Die Maxwellschen Gleichungen und die damit zusammenhängenden Potentialbeziehungen, d. h. die Operationen: (Vierer-) Potential → (Sechser-) Feldstärke → (Vierer-) Strom und die hiezu dualen treten dort, vektoriell gesprochen, als Rotationen (𝕽ot) und Divergenzen ($\varDelta$iv) auf,[7] die betreffenden Größen selbst als spezielle Tensoren, nämlich als Linien- bzw. Flächentensoren 1. Stufe (Vierer- bzw. Sechservektoren). Ferner ergibt sich, da die Metalogik es vornehmlich mit Größen von der Form $e^{\eta i}$ zu tun hat, auch zwanglos den Anschluß an die Ausdrücke, die wellen- bzw. schwingungsartige Zustandsänderungen anzeigen.

Es ist aber vorerst zweckmäßiger, dieses Programm zurückzustellen und zunächst den Anschluß von dem Raum-Zeit-Feld 3. Stufe, das sich durch die nächstfolgende Ausübung des metalogischen Operators

---

[7] Eine Darstellung unter Benutzung dieser Bezeichnungsweise findet sich in Laue, D a s   R e l a t i v i t ä t s p r i n z i p.

auf die Ausdrücke der Abschnitte 4, 5 ergibt, zur skalaren Wellenmechanik zu versuchen. Bei Gelegenheit des Übergangs von der skalaren Wellen mechanik zur Diracschen fügen sich dann die übergangenen Punkte von selbst ein.

1. ÜBERGANG ZUR WELLENMECHANIK

Daß enge Zusammenhänge bestehen müssen, erhellt schon daraus, weil die Ausdrücke für Z, ç; σ, f sich in Gestalt von Exponentialfunktionen mit imaginären Exponenten schreiben lassen, also formal eng verwandt sind mit Ausdrücken, die sich auf Schwingungsvorgänge und Wellen beziehen.

Analoges erhält man bei Einsetzung der Identitätsfunktion. In der Form (S. 76)

$$\frac{1}{k_1}(Z-Z) + \text{konst} = \frac{1}{k}(\int dZ - \int ç\, dT) + \text{konst} = \frac{1}{k}(Z' - cT') + \text{konst}$$

geschrieben, repräsentiert der zweite Summand die Zeitseite.

Es kann dann auch

$$\frac{1}{\varkappa_1} e^{-\varkappa_1(\Phi-\Phi)} = \frac{1}{\varkappa_1}\left(\frac{1}{f}\cdot f\right) = \frac{1}{\varkappa_1}\int\left(df + f\, d(\varkappa_1 \Phi)\right) = \text{konst}$$

als Welle geschrieben werden, wobei diesmal gesetzt werde

$$\Phi = \frac{1}{k}Z \; ; \; \Phi - \Phi = \frac{1}{k}\int (dZ - ç\, dT) = \frac{1}{k}(Z' - cT').$$

Analoges kann für $\Phi = \frac{1}{kZ} = \frac{1}{k} e^{-kT}$ geschrieben werden.

Überträgt man das Verfahren eine Stufe weiter:

$$\frac{1}{\varkappa_2} e^{-\varkappa_2 \frac{1}{\varkappa_1}(f-f) + \text{konst}} = \frac{1}{\varkappa_2} \psi_0 e^{-\varkappa_2(\int f^2 dTi - \int f\, dTi - \int d\sigma)}$$

so kann, wenn für $\int f\, dTi = -\int f\, dt$ das Symbol ξ_0

für $\int f^2 dTi = -\int f^2 dt$ das Symbol $\xi_4 i = si$

für $\int d\sigma = \sigma$ das Symbol ξ_σ gesetzt wird,

der obige Ausdruck wiederum als eine Funktion gelesen werden, die (nach dem Vorgang von O. Klein und V. Fock) als Welle

87

in einer fünfdimensionalen Mannigfaltigkeit $\xi_{1,2,3} = \xi_\sigma = \sigma$; $\xi_4 = s$; $\xi_0 = \int f \, dTi$ etc. interpretiert werden kann. (Vgl. hierüber die Abhandlung von Landé im Handb. d. Phys., Bd. XX, S. 418.) Man geht dabei am zweckmäßigsten von der Beziehung

$$\sigma^2 - \sigma^2 = \left(\frac{1}{\varkappa_1} f\right)^2 - \left(\frac{1}{\varkappa_1} f\right)^2 = 0 \sim \xi_\sigma^2 + \xi_0^2 + \xi_4^2$$

aus, die (einmal) nach $s = \xi_4$ differenziert wird[8]:

$$\xi_\sigma \frac{d\xi_\sigma}{ds} + \xi_0 \frac{d\xi_0}{ds} + \xi_4 \frac{d\xi_4}{ds} + \text{konst} \sim \text{konst}$$

Multipliziert man diesen Ausdruck, der bei Anwendung des metalogischen Operators in den Exponenten zu stehen kommt, in Analogie zu früher mit der (Ruh-)Masse m_1, so stellen $m_1 \frac{d\xi_\sigma}{ds} = m_1 \frac{d\sigma}{ds}$ etc.

die „Impulse" $\frac{1}{c} P^{(\nu)} = m_1 \frac{d\xi_\nu}{ds} = m_1 \frac{id\xi_\nu}{d\xi_0} \cdot \frac{d\xi_0}{ids} = \frac{1}{c} p^{(\nu)} \frac{d\xi_0}{dsi}$ dar.

Hierin ist $m_1 \frac{d\xi_0}{dsi}$ wegen $\frac{ids}{d\xi_0} = \frac{ds}{f \, dT} = f = \sqrt{1 - \frac{d\sigma^2}{f^2 \, dT^2}} = \sqrt{1 - v^2}$

die von der Geschwindigkeit v abhängige Masse $M_1 = \frac{m_1}{\sqrt{1 - v^2}}$

ferner wird $\frac{1}{c} P^{(4)} = \frac{1}{c} \cdot p^{(4)} \cdot \frac{1}{f} = M_1 \cdot f = m_1$.

Anwendung des metalogischen Operators ergibt sodann

$$\frac{1}{\varkappa_2} e^{-\frac{\varkappa_2}{c} \sum_0^4 P^{(\nu)} \xi_\nu + \text{konst}} = \frac{1}{\varkappa_2} e^{-\varkappa_2 \Sigma} = \text{konst}$$

---

[8] Quadrierung ist angezeigt, da der Ausdruck $d\left[\frac{1}{\varkappa_1}\left(\frac{1}{f} \cdot f\right)\right]$ zunächst (in Analogie zu S. 76) auf $\frac{1}{\varkappa_1}[f \, df + f \varkappa_1 f \, d\Phi] = \frac{\varkappa_1}{2}[d(\sigma^2) - d(\sigma^2)] = 0$ führt; Differenzierung, weil der Faktor $\varkappa_1$ dem Operator $\frac{d}{d\Phi}$ angewendet auf $e^{\varkappa_1 \Phi}$ entspricht.

Die Maßeinheit der Zeit ist dabei so gewählt, daß die Lichtgeschwindigkeit im gravitationslosen Raum ($r \to \infty$) gleich 1 ist.

Verfügt man über die Konstante $\lambda_2 = i\,k_2$ geeignet, so kommt man auf die Form, die sich bei der fünfdimensionalen Fassung der Quantenmechanik für die De Broglie-Welle eines Korpuskels bei Fehlen eines elektromagnetischen Feldes ergibt.

Bei Einwirkung eines Feldes mit dem Potential $\varXi_\mu$ gilt die Formel[9]

$$\psi = \alpha\, e^{\frac{2\pi i}{h}\Sigma} = \psi_0\, e^{\frac{2\pi i}{h}\int_0^4 \sum \left(-\frac{\varepsilon}{c}\varXi_\mu + \frac{h}{2\pi i}\frac{\partial \log \alpha}{\partial \xi_\mu}\right) d\xi_\mu},$$

oder $e^{\frac{2\pi i}{h}\left(\Sigma - \int_0^4 \sum \left(-\frac{\varepsilon}{c}\varXi_\mu\right) d\xi_\mu\right)} = \mathrm{konst} = \psi_0$

die für $\varXi_\mu = 0$ (Fehlen des Feldes) in dem vorhin angeschriebenen Ausdruck ausartet.

Hiebei ist $\varXi_0, \varXi_1, \varXi_2, \varXi_3 \left(= i\varXi_0^*, \varXi_\sigma \right) = \varXi$ das Viererpotential (skalares Potential + Vektorpotential); $\varXi_4 = cm_0 - \sqrt{(cm_0)^2 - \left(\frac{h}{2\pi}\right)^2 \frac{\Box \alpha}{\alpha}}$

ist das (skalare) „innere Potential" des ψ-Feldes auf sich selbst. Der Skalar α ist die (beliebig zu wählende) Eichfunktion im Sinne der Weylschen Theorie des Elektromagnetismus; es genügt $\lg \alpha = \lambda$ der Bedingung $\mathfrak{Rot}\,(\varXi + \varGamma\varrho\alpha\delta\,\lambda) = \mathfrak{F}$.

Für den Fall, daß $\Sigma = 0$, folgt auch $\frac{\varepsilon}{c}\sum_0^4 \int \varXi_\mu\, d\xi_\mu = 0$, oder

$$\frac{\varepsilon}{c}\int \varXi_0\, d\xi_0 = -\frac{\varepsilon}{c}\sum_1^4 \int \varXi_\mu\, d\xi_\mu.$$

---

[9] Handbuch der Physik XX, 8 (Landé), S. 420 (24). Daselbst auch die Bedeutung der Buchstaben, soweit sie sich nicht hier aus dem Zusammenhang ergeben.

2. DAS RAUM-ZEIT-FELD IN HÖHERER NÄHERUNG ELEKTROMAGNETISCHE ZUSATZGLIEDER

Auf dieselben Zusatzglieder führt nun auch der Ausdruck $\frac{1}{\lambda_1} d\left(\frac{1}{f} \cdot f\right)$ von S. 81, wenn wir jetzt die Näherung für f einen Schritt weitertreiben. Berücksichtigen wir nämlich für $f = e^{-\frac{\lambda_1}{kZ}}$ und ebenso für $f^2 = e^{-2\frac{\lambda_1}{kZ}}$ auch das Glied mit der zweiten Potenz

$$f \sim 1 - \frac{\lambda_1}{kZ} + \frac{1}{2}\left(\frac{\lambda_1}{kZ}\right)^2; f^2 \sim 1 - \frac{2\lambda_1}{kZ} + \frac{4}{2}\left(\frac{\lambda_1}{kZ}\right)^2 = \left(1 - \frac{\lambda_1}{kZ}\right)^2 + \left(\frac{\lambda_1}{kZ}\right)^2,$$

so läßt sich f mit der Lichtgeschwindigkeit in einem Gravitationsfelde identifizieren, das eine geladene Kugel erzeugt, wenn wir wieder, nach Multiplikation von λ_1 mit m_0, die Ersetzungen des Abschnittes A4 vornehmen und das quadratische Glied $\left(\frac{k m_0}{r}\right)^2 = \left(\frac{k}{c^2}\right)^2 \left(\frac{m_0}{r}\right)^2 = \frac{k}{c^2} \cdot k \left(\frac{m_0}{r}\right)^2$

durch Umdeutung von $k m_0^2$ in $C\varepsilon_0^2$ ($\pm \varepsilon_0$, die das Feld erzeugende elektrische Ladung) als Quadrat von $\frac{\sqrt{k}}{c^2}\left(-\Xi_0^*\right)$ interpretieren, wobei $\Xi_0^* = C\,\Xi_0^{*'}$ das elektrostatische (d. i. das skalare) Potential, und

$\mathbf{k} = k c^2$ die Gravitationskonst.

Die Konstante C ist hinzugefügt, weil in der Relativitätstheorie ε_0 als Integrationskonstante in die Rechnung kommt. (Vgl. Handb. d. Phys. IV, 4, Ziff. 56 [Beck]; statt der dort verwendeten Heavisideschen Maßeinheiten sind hier wie in den früheren Auflagen von Weyls Raum-Zeit-Materie die gewöhnlichen des cgs-Systems gebraucht.)

Ebendeswegen hat auch der Umstand, daß $\left\{\frac{C\,\varepsilon_0}{m_0}\right\} = \{\sqrt{k}\} = \frac{1}{2} \cdot \frac{1}{1939}$

von der Größenordnung des Massen-Verhältnisses $\frac{\text{Elektron}}{\text{Proton}} = \frac{1}{1834}$ ist, wohl nur zufällige Bedeutung.

$\frac{\varepsilon_0 \sqrt{k}}{c}$ wird als Gravitationsradius der Ladung ε_0 bezeichnet.

Setzt man den Ausdruck $\left(\frac{\lambda_1}{kZ}\right)^2 \sim f^2 - \left(1 - \frac{\lambda_1}{kZ}\right)^2$ in die quadrierte

Gleichung von S. 81: $\frac{1}{\lambda_1^2} d f^2 = d \sigma^2 = \frac{1}{\lambda_1^2} f^2 (d \lambda_1 \Phi)^2 = f^2 Z^{-2} d T^2$

ein, so ergibt sich wieder nach den obigen Umdeutungen:

$$d\sigma'^2 + f^4 dT^2 = d\sigma'^2 + ds'^2 = \left(1 + \frac{\sqrt{k}}{c} \Xi_0^*\right)^2 f^2 dT^2 \sim$$

$$\sim - \left(d\xi_0^2 + \frac{2\sqrt{k}}{c} \Xi_0^* d\xi_0^2\right).$$

das ist dasselbe skalare Quadrat wie auf S. 82; nur steht auf der rechten Seite ein Zusatzglied. Dasselbe Zusatzglied muß darum auch (durch die Akzente ' bzw. ˋ angedeutet) auf der linken Seite stehen, also

$$d\sigma'^2 + ds'^2 \sim d\sigma^2 + ds^2 + 2 \frac{\sqrt{k}}{c} \Xi_0^* f^2 dT^2.$$

Dementsprechend hat man auch auf Seite 88 zu setzen:

$$m_1 \left[\xi^0 \frac{d\xi_0}{ds} + 2 \frac{\sqrt{k}}{c} \frac{d}{ds} \int \int \Xi_0^* d\xi_0^2\right] =$$

$$= \frac{1}{c} P^{(0)} \xi_0 + 2 \frac{\epsilon_1}{c^2} \frac{i}{f} \int \Xi_0^* d\xi_0 \qquad \text{anstatt } m_1 \xi_0 \frac{d\xi_0}{ds};$$

$$m_1 \left[\xi_\sigma \frac{d\xi_\sigma}{ds} + \xi_4 \frac{d\xi_4}{ds} - 2 \frac{\sqrt{k}}{fc} \frac{d}{ds} \int \int \Xi_0^* d\xi_0^2\right] =$$

$$= \frac{1}{c}\left(P^{(\sigma)} \xi_\sigma + P^{(4)} \xi_4\right) + 2 \frac{\epsilon_1}{fc^2}\left(\int \Xi_\sigma d\xi_\sigma + \int \Xi_4 d\xi_4\right)$$

$$\text{anstatt } m_1 \left[\xi_\sigma \frac{d\xi_\sigma}{ds} + \xi_4 \frac{d\xi_4}{ds}\right],$$

da $\sum_0^4 \xi_\nu P^{(\nu)} = \Sigma \sim 0$ und $\frac{\epsilon}{c} \int \Xi_0 d\xi_0 = -\frac{\epsilon}{c} \sum_1^4 \int \Xi_r d\xi_r$.

Führt man die Akzente ˋ ein durch die Definition

$$m_1 d\xi_r' = m_1 \Theta d\xi_r \quad \text{mit} \quad \Theta = 1 + \frac{\sqrt{k}}{c} \Xi_0^*;$$

$$m_1^2 \sum_0^4 \left(d\xi_\nu^{'2}\right) = m_1^2 \Theta^2 \sum_0^4 d\xi_\nu^{'2} = 0 \text{ bzw. als Umkehrung davon}$$

$$m_1^2 \left(1 - \frac{\sqrt{k}}{c} \Xi_0^*\right)^2 \sum_0^4 d\xi_\nu^{'2} = 0,$$

so entspricht dies den Ausdrücken, die sich für die Bewegung eines geladenen Massenpunktes ergeben. Nach Weyl (Annalen d. Phys., 54, S. 117) gelten, unter Anpassung der Bezeichnungsweise, hiefür die Relationen:

$$\frac{\frac{1}{f}\left(E - \varepsilon_1 \Xi_0^*\right)}{\sqrt{f^2\left(\frac{1}{f^2}\left(E - \varepsilon_1 \Xi_0^*\right)^2 - m_0^2\right)}} d\sigma' = dT'; \quad m_0 f^2 dT' = \left(E - \varepsilon_1 \Xi_0^*\right) ds';$$

also $\left(E - \varepsilon_1 \Xi_0^*\right)^2 f^2 dT'^2 - \left(E - \varepsilon_1 \Xi_0^*\right)^2 ds'^2 = \left(E - \varepsilon_1 \Xi_0^*\right)^2 d\sigma'^2$.

Im Hinblick darauf, daß $m_1 \frac{\sqrt{k}}{c} = m_1 \frac{\sqrt{k}}{c^2} = C \frac{\varepsilon_1}{c^2}$, und unter geeigneter Verfügung über die Konstanten C, E läßt sich der auf metalogischem Wege erhaltene Ausdruck im Sinne des obigen Ausdrucks für die bewegte Punktladung interpretieren, nachdem man noch die Maßeinheiten, in denen Zeit, bzw. Eigenzeit gemessen werden, zur Übereinstimmung gebracht hat.

Berücksichtigt man die genannten Zusatzglieder in den Ausdrücken S. 88, so ergibt sich ein Ausdruck für die De-Broglie-Welle unter Einwirkung eines elektromagnetischen Feldes:

$$\psi_0 = \frac{1}{\lambda_2} e^{-\frac{1}{\lambda_1 c}\left(\sum_0^4 P^{(\nu)} \xi_\nu + \frac{2\varepsilon_1}{fc} \sum_0^4 \int \Xi_\nu \, d\xi_\nu\right) + \text{konst}} = \text{konst}$$

Interpretiert man als „Impulse": $m_1 \frac{d\xi_\nu'}{ds'} = m_1 \frac{\Theta \, d\xi_\nu}{\Theta \, ds} = \frac{1}{c} P^{(\nu)}$

(Ableitung der fünfdimensionalen Bahn des g e l a d e n e n Massenpunkts nach d e s s e n Eigenzeit), so erhält man auf Seite 91 wegen

$$\Theta^2 \, d\xi_0^2 = d\xi_0 \, \Theta \, d\xi_0 + \frac{\sqrt{k}}{c} \Xi_0^* \, d\xi_0 \, \Theta \, d\xi_0 \qquad \text{den Ausdruck}$$

$$m_1 \frac{d}{ds'} \int\int d\xi'^2_0 = m_1 \frac{d}{\Theta ds} \int\int \left(d\xi_0 \, \Theta \, d\xi_0 + \frac{\sqrt{k}}{c} \Xi_0^* \, d\xi_0 \, \Theta \, d\xi_0 \right) =$$

$$= \frac{1}{c} \left(P^{(0)} \xi_0 + \frac{\varepsilon_1}{fc} \int \Xi_0 \, d\xi_0 \right)$$

und entsprechend weiter; in den Gliedern mit Ξ_ν fällt dann überall der Faktor 2 aus.

Außer dem skalaren Potential tritt noch ein Vektorpotential Ξ_σ und ein „inneres" Potential Ξ_4 auf. Das metalogische Raum-Zeit-Feld enthält außer den Gravitationsbestandteilen noch elektromagnetische Bestandteile, sowie solche des „inneren Feldes".

Daß ψ, das hier vorläufig als Skalar erscheint, streng genommen als mehrkomponentige Größe angesehen werden muß, darauf wird weiter unten eingegangen.

Wenn $\frac{1}{c} P^{(0)} = m_1 \frac{d\xi_0}{dT} \cdot \frac{dT}{ds} = -i \frac{m_1}{\sqrt{f^2 - \left(\frac{d\sigma}{dT}\right)^2}} \cdot f = -i M'_1 \cdot f;$

allgemein: $\frac{1}{c} P^{(\nu)} = M'_1 \cdot \frac{d\xi_\nu}{dT}$ geschrieben wird,

so tritt an Stelle der variablen Masse $\frac{m_1}{\sqrt{1-v^2}}$ der speziellen Rel. Th. die der allgemeinen; sie erscheint außerdem noch einmal mit f multipliziert. Letzteres Verhalten ist in der A.R.T. für die Energie bekannt. (Handb. d. Phys., IV, S. 275): $M'_1 \cdot f \, i = \frac{E'_1}{c^2} \cdot i \cdot f.$

Durch Übergang zur Einheit der üblichen Zeitrechnung multipliziert sich $\frac{\varepsilon_1}{c^2}$ und $\frac{P^{(\nu)}}{c}$ mit c.

3. SYMMETRIE VON GRAVITATION UND ELEKTROMAGNETISMUS
ZUSAMMENHANG MIT DER DIRAC'SCHEN THEORIE DES ELEKTRONEN-SPINS

Der oben beschriebene Zusammenhang zwischen Gravitation und Elektromagnetismus ist aber nach der metalogischen Theorie weder der einzige noch auch der wesentliche. Von erheblich größerem

Interesse ist der folgende, der sich ergibt, wenn wir den metalogischen Operator mit dem Hamiltonschen Operator etc. in Verbindung bringen.

Die Maxwellschen Gleichungen, ebenso wie die zugehörigen Potentialbeziehungen behalten ihre Gültigkeit, gleichviel welche Funktionen der Urvariabeln in die Komponenten von $\Xi, \mathfrak{F}$ eingesetzt werden: also auch bei Einsetzung der metalogischen Logarithmusbeziehung.

Wegen der aus der gewöhnlichen Vektoranalysis bekannten Operator-Beziehung

$$d = \frac{\partial}{\partial x} dx + \frac{\partial}{\partial y} dy + \frac{\partial}{\partial z} dz = \left(\mathfrak{i}\frac{\partial}{\partial x} + \mathfrak{j}\frac{\partial}{\partial y} + \mathfrak{k}\frac{\partial}{\partial z}\right)(\mathfrak{i}\,dx + \mathfrak{j}\,dy + \mathfrak{k}\,dz) =$$

$$= \nabla \cdot (\mathfrak{i}\,dx + \mathfrak{j}\,dy + \mathfrak{k}\,dz); \qquad \frac{d}{\mathfrak{i}\,dx + \mathfrak{j}\,dy + \mathfrak{k}\,dz} = \nabla$$

und den entsprechenden für vier- und fünfdimensionale Operatoren etc. läßt sich der metalogische Operator $\dfrac{d}{d\,e^{k\varphi i}}$ bei Einsetzung der Identitätsfunktion durch einen Hamiltonschen Operator ersetzen (unter Auswechslung der ko- und kontravarianten Komponenten). Ist z. B.

$$\frac{1}{\lambda_1} d\,e^{k\varphi i} = \frac{1}{\lambda_1} d\,e^{\lambda_1(\Phi-\Phi)} = \frac{1}{\lambda_1} d\left(f \cdot \frac{1}{f}\right) = \frac{1}{\lambda_1}(d\,f + f\,d\,\lambda_1 \Phi),$$

bzw. bei Substitution der bekannten Funktionen für $\lambda_1 \Phi$ und f (in der Schreibweise mit Benützung der Einheitsvektoren $\bar{\mathfrak{r}}, \bar{\mathfrak{z}}, \bar{\mathfrak{s}}$ etc.)[10]

$$\bar{\mathfrak{r}}\,d\sigma + \bar{\mathfrak{z}}\frac{1}{Z} \cdot f\,dT \sim \bar{\mathfrak{r}}\,d\sigma + \bar{\mathfrak{z}}f\,dT\,i - \bar{\mathfrak{s}}f^2\,dT\,i$$

$$\sim \bar{\mathfrak{r}}\,d\xi_\sigma - \bar{\mathfrak{z}}\,d\xi_0 + \bar{\mathfrak{s}}\,d\xi_4\,i$$

so entspricht $\dfrac{d}{d\,e^{\lambda_1(\Phi-\Phi)}}$ dem Hamiltonschen (Fünfer-)Operator

$$\frac{1}{\lambda_1} \cdot \frac{d}{\bar{\mathfrak{r}}\,d\xi_\sigma - \bar{\mathfrak{z}}\,d\xi_0 + \bar{\mathfrak{s}}\,d\xi_4\,i} = \frac{1}{\lambda_1}\left(\bar{\mathfrak{r}}\frac{\partial}{\partial \xi_\sigma} - \bar{\mathfrak{z}}\frac{\partial}{\partial \xi_0} + \bar{\mathfrak{s}}\frac{\partial}{\partial \xi_4}\right) = \frac{1}{\lambda_1}\overset{5}{\nabla}$$

oder auch $\dfrac{d}{d\left(\dfrac{1}{\lambda_1}e^{\lambda_1(\Phi-\Phi)}\right)}$ dem Operator $\overset{5}{\nabla}$.

---

[10] $\bar{\mathfrak{s}}$ darf jetzt als orthogonaler Einheitsvektor behandelt werden!

Berücksichtigung der höheren Potenzen für ξ_ν ergibt dann auch im Operator die bekannten Potential-Zusatzglieder.

Die symmetrische bzw. schief-symmetrische Ausübung des Operators auf die Identitätsfunktion, die analog durch einen vektoriellen Ausdruck zu ersetzen ist (da es sich ja um Raum- bzw. Zeit-Größen handelt), liefert dann die Raum-Zeit-Felder der Abschnitte A (Gravitation) und B (Elektromagnetismus und Materie).

Analoge Manipulationen lassen sich auch durch die Operatoren der anderen Stufen vornehmen.

Dabei ist zu berücksichtigen, daß im allgemeinen sowohl die Größen, die im Operator vorkommen, als diejenigen, auf die er ausgeübt wird, Tensoren von beliebig hohem Range sein werden. Es bedeute die Abkürzung

$$X^{(\varrho)}_{(\lambda)} = X^{a_1 a_2 \ldots a_\varrho}_{\beta_1 \beta_2 \ldots \beta_\lambda}$$

die entsprechende Komponente eines Tensors, kovariant vom Range λ, kontravariant vom Range ϱ. Dann ist

$$\frac{\partial X^{(\sigma)}_{(\mu)}}{\partial X^{(\varrho)}_{(\lambda)}} = X^{(\sigma+\lambda)}_{(\varrho+\mu)}$$

leichtverständlich die Komponente eines $(\varrho + \mu)$-rangigen kovarianten, $(\sigma + \lambda)$-rangigen kontravarianten Tensors. Aus diesem gehen die Größen ς^2, f^2 etc., also die Komponenten des jeweiligen metrischen Fundamental-Tensors g durch nochmalige Differentiation und Quadrierung hervor:

$$\frac{\partial X^{(\sigma+\lambda)}_{(\varrho+\mu)}}{\partial X^{(\omega)}_{(\pi)}} = g^{(\sigma+\lambda+\pi)}_{(\varrho+\mu+\omega)}$$

Für die vorher untersuchten Fälle der Komponente f^2 bzw. ς^2 von g ist

$$X^{(\omega)}_{(\pi)} = X^{(\sigma)}_{(\pi)}$$

es läßt sich dann verjüngen: $g^{(\lambda)}_{(\varrho)}$ sind die Komponenten eines Tensors vom Range $\genfrac{}{}{0pt}{}{(\lambda)}{(\varrho)}$.

Die dem vektoriellen Produkt entsprechende Ausübung des Operators führt auf die Komponenten eines in den betreffenden Indexgruppen schiefsymmetrischen Tensors.

Die Ausgangsgrößen, auf die der Operator ausgeübt wird, haben die Bedeutung von Potentialen; diese kommen in der abgeleiteten Größe in den Exponenten zu stehen. Wegen der Identitätsfunktion sind die Gesamtpotentiale (unter Hinzufügung einer Integrationskonstante) konstant. Im schiefsymmetrischen Falle haben die Exponenten auch die Bedeutung der Fortpflanzungsrichtung der betreffenden Welle.[11] Die metalogische (Schief-) Operation $\mathfrak{Rot}$ entspricht daher auch dem Übergang von der geometrischen Optik zur elektromagnetischen Wellenoptik, bzw. jenem von der Mechanik des Massenpunktes zur Wellenmechanik. Ersteres ist der Fall, wenn der Parameter s (die Eigenzeit) $= 0$ verschwindet, letzteres wenn $s \neq 0$. Das Potential ist im allgemeinen eine mehrkomponentige Größe, in erster Linie eine vierkomponentige (Vierer-Potential), wenngleich freilich verschiedene Komponenten — auch im Operator — leer mitlaufen können. Es wäre noch genauer zu untersuchen, inwieweit der metalogische Weg, der zur Wellenmechanik führt, dem Diracschen Ansatz entspricht. E. Guth (Handb. d. Phys., IV, 5, Ziff. 65) hält prinzipiell daran fest, daß an Stelle der Benützung der hier nach Weyl[12] zitierten Diracschen Matrizen Γ_μ ($\Gamma_\mu^2 = 1$; $\Gamma_\alpha \Gamma_\beta + \Gamma_\beta \Gamma_\alpha = 0$; $\alpha \neq \beta$), deren sich der Diracsche Operator bedient, man auch mit Hilfe des gewöhnlichen Hamiltonschen Quaternionen-Operators, bzw. eines analogen Fünfer-Operators, auf die vierkomponentige Ausgangsgröße ausgeübt, zum Ziele kommen könne. Ebenso betont er, daß wiederum die Maxwellschen Gleichungen (und die damit zusammenhängenden) mittels der Diracschen Matrizen formuliert werden können. Darum seien gleichsam die Diracschen Gleichungen als die Materie-Gegenstücke zu den Maxwellschen anzusehen. Alsdann wären auch unsere Ausdrücke für $s \neq 0$ mit den Diracschen zu identifizieren.

---

[11] Diese letztere Beziehung verhilft uns zu einer anschaulichen Illustration der metalogischen Raum-Zeit-Felder. Bekanntlich stehen die elektrische und die magnetische Feldstärke senkrecht zur Fortpflanzungsrichtung der Welle und außerdem senkrecht aufeinander. Ist also letztere in der Z-Achse, so erzeugt die metalogische Operation des Bereichsübergangs die dazugehörigen „elektrischen bzw. magnetischen Dimensionen" der Y-X-Achse. („F l ä c h e n"-Tensoren! Im Gegensatz zu den L i n i e n tensoren zweiten Ranges von S. 81.)

[12] Gruppentheorie und Quantenmechanik, S. 171.

Printed by Libri Plureos GmbH
in Hamburg, Germany